MANAGER
UNE ÉQUIPE
À DISTANCE

Éditions d'Organisation
1, rue Thénard
75240 Paris Cedex 05
Consultez notre site :
www.editions-organisation.com

Myriam BARNI

MANAGER UNE ÉQUIPE À DISTANCE

Éditions d'Organisation

SOMMAIRE

INTRODUCTION

Network : le travail en réseau. Nous disons bien « travail », donc entreprises et organisations humaines, et pas seulement « réseaux numériques ». Échanger plus facilement pour travailler mieux ? Pour produire moins cher et plus vite ? Pour vendre et gagner plus ? Tous ces résultats sont promis avec les technologies de réseau, mais ils ont trop souvent été perdus de vue, sous l'effet des apologies magnifiant les merveilles technologiques, puis des spéculations hystériques sur la nouvelle économie Internet. Tout a poussé les entreprises à s'équiper, mais sans vraiment considérer les hommes et leur activité ni les implications du changement dans les organisations. Lorsqu'on s'intéresse vraiment aux résultats à obtenir, les communications et le travail en réseau ne se prêtent plus aux effets de paillettes. D'ailleurs, celui-ci s'enracine dans une idée tellement banale, le travail en équipe, qu'aucun battage médiatique ne vient en souligner la valeur. Et pourtant c'est bien le travail organisé collectivement qui occupe une place centrale dans la vie professionnelle des hommes et constitue le problème au cœur du management.

En matière d'organisation, la nouvelle donne du management doit tenir compte de la mondialisation économique, de l'ardeur des concurrences, des opportunités stratégiques liées à l'Internet. Les organisations sont étendues dans l'espace, le travail se déploie en tous lieux et à tout moment, fondant ainsi l'absolue nécessité de communication entre des personnes dispersées qui doivent pourtant agir ensemble. L'informatique – et l'informatique de communication ne fait pas exception – se présente et se vend toujours comme la source déterminante du progrès. Encore faut-il, à tous les niveaux de l'organisation, que les hommes s'en saisissent pour penser l'action et agir en interaction. Savoir s'organiser et communiquer avec des outils électroniques, c'est apprendre à travailler en réseau. En tablant uniquement sur l'apport des techniques, aucun manager ne peut espérer que la qualité des outils se transmute par miracle en succès organisationnel. Sans appropriation humaine, aucun usage n'émerge. Et sans usages effectifs, les résultats obtenus à la suite des investissements technologiques flirtent avec le zéro absolu.

Le développement de la performance des équipes avec l'usage des nouveaux outils d'échanges électroniques est le thème central de cet ouvrage. Un principe essentiel dirige la démarche : les dimensions organisationnelles et sociales vécues au sein des groupes de travail sont inséparables de la mise en place des systèmes techniques. Ce lien n'est pas évident a priori, car l'organisation du travail d'une part, l'animation des équipes d'autre part, et enfin l'informatique paraissent fermement cloisonnées par spécialités. Il n'est pas de bon aloi qu'un expert en management exerce ses neurones à bien comprendre l'informatique, cette « chose » d'ordre purement technique. Il n'est pas non plus de bon ton qu'un informaticien veuille, au travers des techniques, discuter des choix d'organisation que ses dispositifs vont pourtant infléchir. La transversalité, un concept depuis longtemps à la mode, constitue souvent un discours creux sans aucune mise en pratique. Pourtant, cette transversalité complexe qui mêle les domaines de connaissances est réclamée par toutes les entreprises, qui attendent une réflexion et une stratégie d'ensemble couplées à des actions mises en œuvre de façon cohérente. Les penseurs peuvent se limiter à discourir sur la complexité. Quant aux équipes, elles sont bien tenues de s'y confronter dans l'action. Pour que plusieurs personnes mènent ensemble un projet, il faut tout à la fois faire vivre une organisation, engager des relations humaines, exploiter des outils de travail et de communication. Lorsque ces outils sont électroniques et disposés en réseau, les choix d'organisation, la dynamique des échanges et les technologies de communication sont indissolublement liés, générant un nouveau mode de travail mené en équipes « virtuelles ».

Cette expérience consistant à travailler en collaboration à l'aide d'outils électroniques, de nombreuses entreprises l'ont vécue depuis quelques décennies. Le travail collaboratif – ou « groupware » à son origine – est né aux États-Unis avec des technologies de réseau encore rudimentaires. Il se développe désormais en Europe et en France, bénéficiant à ce jour des nouvelles facilités dues à l'évolution des technologies intranet et Internet. Le travail des équipes en réseau, innovation culturelle autant qu'économique et technique, fait désormais l'objet de multiples recherches. L'acuité de chaque point de vue est liée à la définition de chaque objet de recherche, les uns s'attachant de façon précise et circonscrite à comprendre les communications en réseau ou la psychosociologie du cyberespace, les autres à modéliser les modes de coordination en environnement virtuel. Mais au-delà des éclairages particuliers, les managers ont surtout besoin d'une largeur de vue et les entreprises d'une maîtrise de l'action plus globale. Bien plus qu'un objet d'études, le travail collaboratif est le produit de pratiques émergentes, initiées par les premières entreprises qui ont osé l'innovation. Certaines de ces entreprises pionnières témoignent de réels bénéfices organisationnels et le démontrent ; nombre d'entre elles ont aussi abouti à de véritables constats d'échecs, plus ou moins ouvertement avoués.

C'est dire que le responsable d'une équipe virtuelle ne pourra pas se reposer sur les certitudes d'un savoir établi. Néanmoins, les résultats de recherches et le capital des expériences acquises permettent désormais d'orienter l'action à l'aide de meilleurs repères. Dans les ouvrages spécialisés – jusqu'à ce jour essentiellement publiés aux États-Unis – aucun auteur sérieux n'ira prétendre que le management des équipes virtuelles, forcément innovant, relève d'une réussite sans challenges ni risques, et bon nombre de ceux-ci sont désormais identifiés. Afin que les difficultés connues n'aient pas un effet de repoussoir, les approches conseillées sont trop souvent promotionnelles : pour expliquer le travail des équipes virtuelles, les exemples dessinent des entreprises de rêve, dont les résultats sont de haut niveau (des « major companies »), avec des équipes toujours compétentes (« high-educated ») dans lesquelles des responsables d'un nouveau style (des « hauts potentiels » « qui savent affirmer leur leadership ») managent des collaborateurs intensément mobilisés (des « hard-workers »).

Comme chacun sait, aucune entreprise, aucune équipe ne ressemble tout à fait à ce modèle. Dans la réalité, les nouvelles formes de travail en réseau se développent aussi bien dans de petites entreprises que dans les plus grands groupes. Les managers qui les dirigent n'ont pas tous un profil de *condottiere* pas plus qu'ils ne sont toujours des visionnaires ou des communicateurs hors pair. Dans les faits, la collaboration au sein des équipes bute sur les erreurs humaines ou la difficulté de comprendre et réagir face aux problèmes de travail. La coopération est freinée par des rivalités et, parfois, par quelques haines tenaces. Ce n'est pas le taux de croissance de l'entreprise qui occupe constamment l'esprit des collaborateurs, mais les modalités de travail au quotidien. Ainsi, loin des belles histoires racontées dans les livres, pour savoir travailler à distance il est indispensable de tenir compte du fonctionnement des organisations et des comportements humains au plus près du réel.

Virtuelles ou non, c'est donc non sans aléas que les équipes construisent le travail en réseau. De ce point de vue, le défi n'est pas nouveau. Tous ceux qui ont déjà vécu des succès collectifs savent combien les groupes humains peuvent devenir cohésifs, autonomes, responsables. Les « dream teams » existent, mais quels que soient les talents et les qualifications de départ, elles ne sont pas données d'avance. Développer efficacement le travail des équipes virtuelles, c'est relever ce challenge, en développant des collaborations efficaces entre des personnes lointaines ou dispersées, avec l'apport d'outils nouveaux qui jouent en levier pour aider au changement. Notre ambition est d'avoir su présenter les équipes virtuelles avec le maximum de justesse, c'est-à-dire sans concessions, afin que ceux qui s'initient au travail en réseau empruntent plus aisément des chemins praticables.

Ce livre comporte cinq parties, lisibles à la suite les unes des autres ou indépendamment, afin de faciliter des aller-retour entre la réflexion et l'action :

La première partie présente la toile de fond sur laquelle concevoir et bâtir une équipe virtuelle. « Qu'est-ce qu'une équipe virtuelle, qu'est ce qui pousse à l'émergence du travail collaboratif, avec quels outils et pour quoi faire ? » : des réponses destinées à ceux qui souhaitent d'abord cerner les définitions et identifier les supports électroniques adaptés.

La seconde partie dessine les principaux effets produits dans les organisations avec le travail en réseau. « Quelles sont les applications possibles pour les équipes virtuelles, pour produire quelles améliorations dans l'entreprise ? » : une réflexion sur les finalités de l'action, afin que chacun cerne les résultats souhaitables en fonction des objectifs et des enjeux sensibles dans son propre contexte professionnel.

Dans la troisième partie sont exposées les caractéristiques des nouveaux espaces de travail électroniques. « Comment aménager un lieu de travail et d'échanges sur les réseaux intranet et l'Internet ? » est une question centrale pour ceux qui, au lieu d'errer dans le cyberespace, veulent s'organiser efficacement dans ce nouveau milieu afin d'améliorer la qualité du travail et des échanges.

La quatrième partie aborde les méthodes et les techniques de management d'une équipe qui travaille dans un espace électronique.

« Comment nouer des liens, favoriser les échanges entre des personnes éloignées par la distance et coordonner leurs activités dispersées dans le temps ? » : les questions sont traitées tant du point de vue des managers que de celui des autres collaborateurs concernés.

En dernier lieu, la communication humaine médiatisée par ordinateurs est l'objet de la cinquième partie. « Qu'est ce qui change entre des hommes en situation de communication à l'écran ? » est le thème essentiel de l'exposé. Cette dernière partie est complétée par trois exemples qui illustrent les principes et les procédés à mettre en œuvre pour parvenir à bien se comprendre par échanges électroniques.

Première partie

Les équipes virtuelles :
réelle innovation
ou nouvelle illusion ?

C'est dans les situations de travail à distance que la notion « d'équipe virtuelle » est le plus fréquemment illustrée. Extensions sur de nouveaux marchés, délocalisations, coordinations politiques à l'échelle supranationale, autant de figures très médiatisées qui imposent une vision planétaire de l'économie et des échanges. Même à faible distance, sous-traitances, « externalisations » ou partenariats imposent d'établir des convergences étroites entre les hommes bien que les unités d'organisations soient séparées.

Dans tous les cas, le problème est de coordonner l'action entre des personnes travaillant dans des lieux et à des moments différents. Sans l'apport des NTIC, les obstacles évoqués sont le temps et les coûts engagés pour organiser les échanges nécessaires au travail. Avec les NTIC, les hommes demeurent sur place et ce sont les informations qui transitent autour de la planète. Beaucoup d'entreprises ont voulu exploiter cette opportunité technique pour alimenter des stratégies de développement ambitieuses, avec des résultats trop souvent limités au transport et à l'accumulation de données inexploitées. Ce que sait tout manager demeure vrai dans un environnement virtuel : pour que les résultats soient effectifs, l'exploitation des informations doit passer par des processus d'intellection et d'échanges organisés. Clarté des objectifs communs, confrontations d'idées et ajustements des pratiques, réflexions, discussions et négociations sont fondamentalement nécessaires à la décision comme à l'action.

Traditionnellement, les individus nouent des relations face à face. Pour organiser des rendez-vous, former des groupes et constituer des équipes, les rencontres doivent se produire au même moment et au même endroit. Sur les réseaux numériques, de nouveaux outils de communication ont été conçus pour établir les contacts et les échanges inhérents au travail partagé. Tirer profit des outils électroniques pour accroître le potentiel des équipes et des organisations travaillant à distance : les « équipes virtuelles » sont nées de cette idée.

Définies de façon très sommaire, les équipes virtuelles travaillent en tirant un parti maximal des nouveaux outils de communication déployés en réseau. Ces « virtual teams » ont émergé aux États-Unis et au Canada dès les années 1990 et se sont largement diffusées dès 1995. Depuis, ces nouvelles formes de travail ne cessent de croître partout où les réseaux intranet-Internet se développent. Ces équipes sont dites « virtuelles » parce qu'elles communiquent et produisent essentiellement via des supports numériques, vecteurs d'échanges qui donnent une impression d'immatérialité. Leurs promesses ? Abaisser, voire abolir les contraintes de distance et de temps et les limites de l'entreprise, s'étendre, cumuler les savoirs, travailler plus vite et produire à moindre coût. En France, 92 % des grandes entreprises et environ 40 % des organisations de moins de 500 salariés étaient dotées de connexions à l'Internet en 2000. La même année a marqué le développement massif des intranets d'entreprise. En 2002, l'état des infrastructures tend vers une généralisation des équipements en réseau. Il est certain que les nouvelles technologies ont fait gagner de l'argent à ceux qui les produisent et les vendent. Mais qu'ont-elles fait gagner aux entreprises qui les achètent ? Quelles sont les implications pour les hommes et les équipes qui les utilisent ?

La question essentielle ne porte pas sur le niveau d'équipement informatique mais sur son adéquation au travail humain et sur les bénéfices générés pour le compte de l'entreprise. Or, toutes les études et les expériences indiquent que l'échec ou la réussite du travail en réseau ne se réduit pas à des facteurs techniques. Pour exploiter les nouveaux supports électroniques, il ne suffit pas non plus de répéter le discours du changement. Les défis auxquels les équipes virtuelles sont confrontées sont à la fois conceptuels et pragmatiques. Il leur faut penser et vivre concrètement des communications établies à échelle humaine malgré l'apparente déshumanisation des échanges électroniques. Non seulement les processus relationnels sont modifiés par leur action mais les processus de travail sont aussi conçus et menés différemment. En partageant directement et à grande vitesse plus d'informations, les équipes acquièrent plus d'autonomie. Les savoirs et les pouvoirs sont distribués, le travail s'effectue de façon transversale : d'une part les équipes virtuelles font émerger de nouvelles formes d'organisation du travail, d'autre part et dans le même temps les entreprises peinent à abandonner les rigidités de leurs structures traditionnelles. Dans un contexte dominé par des contraintes de qualité, de coûts et de délais, le responsable d'une équipe virtuelle est tenu de gérer les performances alors que l'échange en réseau a transformé les voies de contrôle du travail et affaibli l'exercice des formes d'autorité traditionnelles. Ces problématiques posent de multiples questions : nouvelles technologies, nouvelles équipes, nouvelle organisation du travail : véritable innovation ou nouvelle illusion ? Sur quelles bases et dans quels buts une entreprise nourrit-elle de tels changements ?

Comment définir les traits distinctifs d'une équipe virtuelle ? Avec les NTIC, quels changements sont engagés dans les processus de management ? Quels apprentissages engager et comment les équipes peuvent-elles s'organiser de façon vraiment efficace ? Bardées d'instruments de communication électroniques, de quelle manière peuvent-elles établir la cohésion humaine hautement nécessaire à leur travail ? Et comment organiser les échanges pour obtenir des coordinations performantes et des résultats probants ?

Chapitre 1

NAISSANCE DES ÉQUIPES VIRTUELLES

Pas d'outils électroniques, pas d'équipe virtuelle : l'emploi des NTIC est généralement perçu comme la caractéristique essentielle des nouvelles équipes. Effectivement, le développement des NTIC est une des conditions de leur émergence parmi d'autres facteurs stimulants liés au contexte économique, organisationnel et culturel. La définition des NTIC (nouvelles technologies de l'information et de la télécommunication) englobe pêle-mêle de multiples techniques qui vont de l'Internet à la téléphonie mobile en passant par la télévision câblée interactive. La confusion est telle qu'une entreprise de presse télévisée, un opérateur téléphonique ou une agence web peuvent toutes revendiquer le même métier, la communication, alors même que leurs produits, leurs services et leurs compétences présentent des différences fondamentales. Le phénomène de collaboration d'équipe n'entre pas dans cette conception de la communication qui met essentiellement l'accent sur les produits technologiques et qui traite d'une part les flux de données et d'autre part les contenus, en considérant les individus et les groupes comme des cibles médiatiques.

Une équipe de travail se construit en réseau. Or, un réseau n'est pas seulement un conglomérat d'objets techniques, de câbles et de liens : il est finalisé à l'échelle de l'entreprise et socialisé. Tout en impliquant des outils et des réseaux, l'équipe met donc d'abord en jeu des individus et les objectifs qui les réunissent. Une caractéristique majeure des équipes virtuelles est la socialisation qui, passant par des médiations électroniques, permet à chacun de s'identifier et de se connaître pour travailler ensemble. Par conséquent, une équipe virtuelle peut sembler paradoxale. Elle instaure un mode de travail à échelle humaine, souvent à la dimension d'un groupe restreint, alors que les échanges sont essentiellement médiatisés par des machines électroniques évoquant une déshumanisation des rapports sociaux et professionnels. Ce paradoxe apparent provient d'une définition trop vague des NTIC, leur attribuant sans distinction tous les mérites, mêlant dans une même catégorie des médias de masse et des outils destinés aux échanges interpersonnels. Pour que les équipes virtuelles puissent se constituer en réseau de travail et de relations, il ne suffit pas de partager des fichiers électroniques sur un ordinateur mis en commun : déposer des documents dans une armoire commune, fut-elle électronique, ne permet pas de construire un processus de travail cohérent. Pour nouer des interactions étroites et organiser le travail, les équipes virtuelles emploient des outils de communication spécifiques, les outils de groupware. Leur conception est à l'opposé de celle qui préside à l'emploi des NTIC, lorsque celles-ci sont exploitées comme des procédés de diffusion qui sont, par définition, impersonnels.

Les produits et les outils de « groupware »

Commercialisée à la fin des années 1980, cette nouvelle classe de logiciels présente un ensemble d'outils de communication spécifiquement conçus pour, d'une part, établir des interactions personnalisées entre les individus et d'autre part, organiser les échanges dans le cadre des processus de travail en groupe. Leur particularité : tout message, information ou document partagé par un individu est visible simultanément et à l'identique par tous les membres de l'équipe. La logique d'ensemble : il ne s'agit pas de diffuser l'information au moyen de 10 ou 100 messages copiés et envoyés aux uns et aux autres. La perspective est inverse : il s'agit de permettre à 10 ou 100 personnes de se joindre et de se rejoindre au même endroit – virtuel – dans lequel informations, échanges et travail pourront être organisés et partagés.

Ces outils ont été lancés sous l'appellation « produits de groupware ». Les traductions françaises, « collecticiel » et « synergiciel », sont peu usitées mais elles en retranscrivent la vocation expressément collective. Tous ces produits – parmi les plus connus, IBM LotusNotes/Domino et Microsoft Outlook/Exchange – sont caractérisés par une suite d'outils génériques dont un seul est très largement répandu, la messagerie électronique.

Or, la vocation des produits de groupware est notablement plus large que de faciliter les échanges de courrier. La gamme d'outils disponibles couvre un ensemble de situations communes à toutes les formes de travail en groupe :

• **Création d'un espace commun réservé à l'équipe**

C'est la fonction la plus méconnue et pourtant la plus élémentaire offerte par le déploiement des dispositifs de groupware. Lorsque des personnes exerçant une activité commune ne peuvent se rencontrer physiquement, elles ont nécessairement besoin de se retrouver en un lieu identifié. Ce lieu qui définit le territoire de l'équipe n'est plus un espace géographique mais un espace électronique « virtuel ». Malgré les changements introduits dans les représentations courantes de l'espace, cette notion d'espace électronique est consubstantielle à l'existence des équipes virtuelles. Les logiciels de groupware n'ont pas pour objet de transporter des objets d'un endroit à un autre, à l'image d'un service de transport, mais de créer un environnement de travail communément accessible et partageable. De ce point de vue, l'espace virtuel est à l'image du lieu de travail où l'on trouve les ressources et les outils nécessaires à une activité professionnelle.

• **Outils d'aide à la coopération
(bibliothèques partagées et réunions électroniques)**

Dans l'espace de travail en équipe, on retrouve les messageries ainsi que trois applications complémentaires favorisant les travaux qui supposent une coaction solidaire. Les deux premières applications, dites « bibliothèques virtuelles » et « kiosques d'informations », sont destinées au partage et à la production collective de documents : les espaces de travail sont particulièrement adaptés à la conception, à l'écriture ou à la production de graphiques élaborés en commun. La troisième application, dite « réunion électronique », soutient expressément l'échange collectif : chaque participant peut exprimer un avis et connaître les opinions des autres. Une réunion électronique est donc à l'image d'une réunion face à face permettant à tous de s'exprimer, d'entendre et de réagir. En complément de la messagerie, l'emploi alterné des trois applications coopératives permet de répondre à toutes les situations d'échange : interaction à deux ou en groupe avec ou sans échange de documents.

**• Outils d'aide à la coordination
(agendas partagés et workflow)**

Dans un dispositif de groupware, la coordination entre les membres d'une équipe peut toujours se faire via des échanges par messagerie ou une réunion. Trois outils complémentaires ont pour vocation spécifique de coordonner les différents acteurs et l'enchaînement de leurs activités. Les deux premiers, le calendrier et le gestionnaire de tâches électroniques, cumulent les avantages des agendas et des plannings gérés de façon dynamique. Un calendrier partagé inscrit collectivement les étapes et les événements qui structurent le déroulement d'un processus opérationnel lorsque plusieurs personnes se répartissent le travail ; un gestionnaire de tâches marque la décomposition du travail par activité, en indiquant l'affectation des responsabilités et des tâches ainsi que la progression des travaux. Le troisième outil, dit de « workflow », a pour vocation de coordonner des chaînes d'activités en guidant la réalisation d'un processus dans le temps, et d'un acteur à l'autre. Dans leur ensemble, les outils d'aide à la coordination sont destinés à faciliter le contrôle du travail à travers un suivi collectif de l'organisation, de l'avancement des travaux et des délais de réalisation.

Les outils génériques de travail et de communication en équipe	
Messageries électroniques	Discussions entre deux interlocuteurs. Annonces diffusées à plusieurs personnes.
Bibliothèques virtuelles	Partage de documents dans le cadre d'un travail de groupe. Coproduction de documents dite « à plusieurs mains ».
Réunions virtuelles	Réunions de travail animées et organisées par plan de discussion. « Chat », type particulier de réunion virtuelle menée en temps réel.
Calendriers électroniques	Inscription collective des étapes et des événements qui structurent le déroulement d'un processus de travail partagé.
Gestionnaires de tâches	Décomposition du travail par activités et répartition des tâches. Suivi collectif de l'avancement des travaux et des délais de réalisation.
Routage de documents	Fonctions élémentaires de workflow, dites de « routage » : assistance au bon déroulement des chaînes d'activités et d'interactions.

Un grand quotidien régional choisit ses outils de travail en groupe

Le service des études informatiques d'un grand quotidien régional cherche à améliorer le travail des différents groupes impliqués dans des projets. Ils souffrent des traditionnels maux que sont les dépassements de délais et de budget... sans pour autant satisfaire pleinement toutes les parties prenantes : maîtrise d'ouvrage, maîtrise d'œuvre et utilisateurs. Avec les 35 heures, les travaux n'en finissent pas de s'étaler dans le temps. Il est quasiment impossible de réunir toutes les personnes impliquées pour résoudre efficacement un problème : on ne peut plus compter ni sur les lundis, ni les vendredis (extensions de week-end), encore moins les mercredis (le jour des enfants !). Quant aux mardis et jeudis, ils sont occupés par des réunions « prioritaires » décidées par les directions. Il ne reste plus aux chefs de projet que de compter les semaines et les mois de retard qui s'accumulent. La communication de travail des groupes s'enlise dans des calendriers remplis de... réunions.

Pourtant l'entreprise est dotée d'un environnement de communication réputé efficace (Outlook/Exchange de Microsoft), bien qu'il ne soit vraiment utilisé que pour sa fonction de messagerie. La réflexion permet de prendre conscience que la plate-forme Outlook/Exchange constitue un « vrai environnement de travail collaboratif », permettant l'emploi d'autres outils utiles au travail en groupe. Mais, pour autant, il devient aussi évident que cela ne va pas suffire à faciliter les échanges et la coordination des projets. Pourquoi ?

Dans ce service d'études informatiques, plusieurs facteurs de changement se conjuguent : non seulement les temps de travail sont fragmentés par la RTT, non seulement les lieux de rencontres sont éclatés dans de multiples salles de réunion, mais le travail implique fortement des personnes situées en dehors du siège même de l'entreprise. Les projets de toutes tailles associent de plus en plus de partenaires et de prestataires de services. L'idée d'un environnement de travail facilement accessible en tout lieu, interne ou externe à l'entreprise, commence à germer. L'idée s'impose avec d'autant plus de force que les salariés eux-mêmes sont géographiquement dispersés, car le siège de ce quotidien régional est relié à plusieurs rédactions décentralisées. Existe-t-il un lieu capable de servir de point de ralliement à des centaines de « quasi nomades désynchronisés » qui doivent pourtant « travailler séparément ensemble » ? Oui, et il s'agit de l'espace Internet.

Voilà comment, à côté d'une plate-forme réduite à sa seule fonction de messagerie, le service a choisi d'installer des outils de travail en groupe accessibles via l'internet au format web. Installé en mode extranet afin de permettre à des prestataires de services extérieurs d'intégrer les groupes projet, l'environnement présente l'avantage de favoriser la participation des salariés dans toutes les rédactions décentralisées qui exploitent déjà des ordinateurs équipés d'un navigateur web.

Le choix d'une plate-forme I*Net (Internet, intranet et extranet) repose sur un principe ancestral qui n'a plus à faire ses preuves : le respect d'un langage commun – ici un standard de communication informatique – simplifie vraiment la vie de tout le monde !

Le groupware prend son essor

Sommairement, les outils de groupware fonctionnent sur la base matérielle d'ordinateurs interconnectés, équipés chacun de logiciels qui permettent de partager le travail à partir des postes personnels. Par simple lancement du logiciel, l'espace virtuel de l'équipe – l'ensemble des informations, des travaux et des outils partagés – s'affiche à l'écran. Le dispositif de groupware joue deux rôles qui articulent les dimensions individuelles et collectives :

– Il associe des ordinateurs personnels : l'individuation des activités réparties entre les acteurs est maintenue en chaque point, avec la possibilité d'échanger des informations selon les besoins.

– Il génère des espaces partagés : les infrastructures permettent de constituer un terrain commun sur lequel bâtir les cohérences et les synergies propres à l'action collective.

À l'origine, l'interconnexion des ordinateurs s'est appuyée sur des infrastructures en réseau local ou des réseaux spécialisés de liaison à distance. Avec le développement des infrastructures Internet, ces réseaux souvent fermés sur le fonctionnement interne de l'entreprise font désormais partie du passé. Dans une entreprise en relation constante avec ses partenaires et ses clients, les échanges sont nécessairement ouverts sur l'environnement. Les outils doivent alors soutenir une dynamique d'échanges élargis avec des intranets d'entreprise déployés sur la base des infrastructures Internet. Les intranets/Internet autorisent ainsi une triple articulation du système d'information et de communication des entreprises :

– Intranet : accès aux services et aux informations réservées, protégées en propre dans le périmètre défini par l'organisation.

– Extranet : voies et zones d'échanges privilégiées et réservées entre l'entreprise et les organisations extérieures qui sont ses fournisseurs, ses partenaires ou ses clients.

– Internet : voies, zones d'échanges, services Web et applications librement accessibles et ouvertes à tout interlocuteur et à tout public.

Outils complémentaires pour des échanges en temps réel

Téléconférence (audioconférence) : Échanges collectifs par téléphone

Atouts	Rapidité d'ajustement et richesse expressive dues à l'usage de la parole.
Inconvénients	Emploi du réseau téléphonique en général découplé du réseau Internet, supposant des coûts élevés pour les échanges à grande distance.
Indications	À réserver pour des échanges urgents ou des discussions délicates menées à chaud, sans désir d'en conserver la trace.

Visioconférences et « webconferencing »
Réunions couplant l'image et la retransmission de la parole
en cours de discussion

Atouts	Simulent les qualités expressives des contacts face à face en donnant aux interlocuteurs une sensation de présence et de proximité.
Inconvénients	Dispositif technique difficile à installer sur les lieux de travail des membres de l'équipe éloignée. Dans le cas du « webconferencing », les débits d'image sur l'Internet peuvent provoquer un affichage très saccadé et un décalage du son qui altèrent tout effet de rapprochement.
Indications	À utiliser exclusivement si la qualité de transmission peut être assurée au meilleur niveau.

Tableaux blancs
Outils de dessin à main levée pour réaliser des schémas en interaction

Atouts	Outil intégrable dans un environnement électronique pour s'exprimer plus clairement à l'écran que par écrit, à l'aide de schémas.
Inconvénients	Suppose l'apprentissage du stylo numérique pour maîtriser le graphisme.
Indications	Intéressant pour bénéficier des atouts de l'explication visuelle.

Webinar (diffusion audio vidéo) :
Présentation d'images et de commentaires préenregistrés

Atouts	Accessible sur l'Internet, permet de simuler une conférence. L'emploi simultané du « chat » est possible pour des questions/réponses.
Inconvénients	Utilisé pour bénéficier de l'apport simultané de la projection et des échanges au moyen du « chat », le double affichage est assez inconfortable.
Indications	À utiliser ponctuellement pour l'intérêt de la projection, mais le niveau d'interaction s'avère souvent pauvre, surtout lorsque les participants ne se connaissent pas.

L'essor de l'Internet et des protocoles d'échanges standard sur le réseau a fortement influencé le développement des produits de groupware. On dénombre à l'heure actuelle plus de cent produits différents, tous utilisables sur le web, présentant une panoplie générique d'outils de communication et répondant à des appellations diverses : « produits de groupware » ou « produits de travail collaboratif ». La diffusion des outils de travail collaboratif s'étend très largement à d'autres types de systèmes et de produits. De l'ERP[1] en passant par le CRM[2], la GED[3] ou le KM[4], de multiples logiciels spécialisés tendent à intégrer des outils de communication à leur propre fonctionnement. Ce ne sont pas seulement les offres de produits qui se multiplient mais les technologies elles-mêmes qui évoluent. Les dispositifs de groupware ont exploité dès l'origine des technologies dites « clients-serveur »[5] ; certains développements évoluent désormais sur la base du « peer-to-peer »[6]. À ce jour, les technologies « clients-serveur » dominent très largement, alors que les choix « peer-to-peer » émergent à peine. Quel que soit l'avenir, ces nouvelles perspectives, indicatives des marges d'innovation et de progression toujours très larges, imposent une veille technologique assidue.

Ces tendances entrecroisées compliquent la tâche des services informatiques qui sont chargés d'assurer la bonne gestion des systèmes de communication et leur cohérence technique. Mais la tendance générale est claire : les outils de travail collaboratif s'imposent dans les offres logicielles. Exploitables sur le web sans expertise informatique, les outils de groupware de dernière génération offrent de

---

1. ERP : « Enterprise Ressources Planning », progiciel centralisant l'ensemble des données et des fonctions informatisées dans l'entreprise.
2. CRM : « Customer Relationship Management », démarche soutenue par des technologies destinées à intégrer les processus liés au marketing, à la vente et aux services clients.
3. GED : « Gestion Electronique des documents », transposition des techniques documentaires visant à exploiter les facilités de stockage et de recherche des informations collectées sur support numérique.
4. KM : « Knowledge Management », démarche de gestion des connaissances visant à soutenir la capitalisation et le partage des connaissances dans l'entreprise sous un format numérisé et partageable en réseau.
5. Technologies « clients-serveur » : les logiciels qui équipent les ordinateurs « serveurs » supposent l'emploi d'une machine dédiée à des traitements collectifs. La machine « serveur » est connectée à l'ensemble des postes de travail dits « clients », postes individuels à partir desquels travaillent les membres d'un réseau ou d'une équipe.
6. Technologies « peer-to-peer » : les connexions en réseau sont établies de façon directe poste à poste. Le principe de fonctionnement est du même type que celui des réseaux d'échange des fichiers musicaux MP3, dont le libre fonctionnement défraie la chronique.

nouvelles possibilités de communication aux organisations et à leurs équipes virtuelles :

- Liaisons interentreprises plus faciles et plus rapides : via les réseaux extranet-Internet, des plates-formes de travail communes sont facilement établies entre des organisations différentes. Avec les systèmes qui respectent les protocoles standard du web, les éventuelles incompatibilités entre les technologies sont de moindre importance.

- Équipement minimal : avec la génération des produits conçus sur les standards Internet, l'équipement matériel nécessaire est réduit ; un ordinateur personnel et la connexion à l'Internet permettent à chaque participant d'exploiter un logiciel de groupware déployé sur le Web. Le navigateur Internet s'affirme de plus en plus comme une interface universelle qui permet de passer aisément d'une activité et d'un échange à l'autre.

- Environnements de travail personnalisables : l'aménagement des espaces partagés est entièrement modulable. Ouverture de dossiers, accès aux réunions de travail, informations partagées sur les processus en cours, les équipes virtuelles aménagent leur environnement de travail et choisissent les outils de communication pertinents en fonction de leurs besoins.

- Technologies au coût allégé : corrélativement, les produits de groupware Web évoluent vers un allégement notable de la technicité requise pour administrer le dispositif. L'intégration des applications de travail collaboratif au système de communication de l'entreprise exige toujours une expertise. Mais les installations sur chaque poste de travail n'ont plus lieu d'être et les charges en maintenance diminuent très fortement. La simplicité d'utilisation s'accompagne d'améliorations qui permettent aux services informatiques de mieux maîtriser les charges de travail et les coûts, tout en apportant à leur organisation des services plus performants.

Dans la courte histoire des technologies numériques, les difficultés de fonctionnement et les lenteurs de mise en place ont nourri la (mauvaise) réputation de l'informatique. Les récentes innovations de l'informatique de communication marquent un profond changement : parce que les dispositifs techniques sont de plus en plus élaborés, la complexité des dispositifs et des outils est moins apparente. Leur usage devient plus facile et les équipes sont désormais plus libres de se concentrer sur le travail à réaliser en commun.

Nouveaux outils pour nouvelles mutations

Comme d'autres modalités de groupe, l'équipe virtuelle répond fondamentalement à une première nécessité, la division des tâches : répartir un travail qui ne peut, en quantité et en qualité, être assumé individuellement. L'équipe virtuelle répond aussi à un second impératif organisationnel : elle reconstruit une cohérence, malgré la division du travail, en coordonnant les tâches dans un cadre de travail commun. De ce point de vue, le rôle joué par les équipes virtuelles n'a rien de révolutionnaire. Le travail d'équipe peut même être considéré comme un vieux poncif de l'organisation. Il suffit de lire les annonces de recrutement pour se rendre compte que la capacité à agir en groupe est une condition nécessaire au travail. Parmi beaucoup d'autres, les deux exemples ci-dessous sont révélateurs de la valeur générique du travail d'équipe, qu'il s'agisse de métiers de tradition ou de métiers nouveaux :

– Une PME régionale recrute un conducteur de machine à imprimer qui devra «... *avec le passage au « tout numérique », améliorer la maîtrise de l'ensemble de la chaîne graphique, ce qui entraîne l'extension du travail en équipe avec les collègues en amont (pré-presse) et en aval (finition, logistique) et avec les autres conducteurs de machines en rotation horaire (35 heures, travail en deux ou trois-huit)* ».

– Une entreprise industrielle, filiale d'un groupe international, décrit les futures missions d'un ingénieur en électronique : « *Assurer la conception de circuits imprimés, en vous appuyant sur une équipe de 10 personnes, en collaboration avec les services R & D, avec mission d'expertise auprès des clients et des sous-traitants* ».

Conception de nouveaux produits, maîtrise des processus de production interne, relations commerciales et services fournis aux clients, autant d'actions implicitement assujetties au travail collaboratif. Or, si la nécessité du travail d'équipe est largement citée à l'embauche, elle se trouve rarement avérée dans les faits. D'un côté, le travail en groupe paraît une évidence et constitue sans doute la forme la plus archaïque de collaboration humaine. De l'autre, le taylorisme et ses avatars post-industriels ont conduit au développement des organisations de masse : la relation directe, qui est le propre de la communication en groupe, semble avoir disparu. Du point de vue strictement relationnel, les cloisonnements et les compétitions internes ou externes qui agitent la vie des entreprises semblent plutôt contredire la réalité du travail partagé. Alors, vieillot et dépassé le travail d'équipe ? Ou bien performant en théorie mais utopique dans les faits ? Ces questions qui sont la marque d'une véritable difficulté doivent pourtant être résolues et dépassées. Le travail d'équipe s'impose parce qu'il constitue la forme d'organisation la mieux adaptée aux processus complexes des entreprises du XXIᵉ siècle.

L'équipe reprend des couleurs

Si l'on en croit les discours vertueux et les clichés en vigueur, l'entreprise situe « l'homme au centre de l'organisation ». Mais pourquoi les entreprises actuelles sont-elles contraintes de redécouvrir la valeur des hommes et de la collaboration ? Les faits démontrent combien les environnements sont compétitifs, les contextes concurrentiels et changeants, et les clients, versatiles ; les processus de production standardisés ne sont plus reproductibles *ad vitam aeternam* ; les offres sont à renouveler sans cesse, les savoirs sont en évolution permanente, les produits donc les processus de production sont variables. De tels contextes supposent de s'adapter en continu à des clients et à des situations inédites, de résoudre des problèmes imprévus et d'innover. Les plus grandes entreprises elles-mêmes ne sont plus en position de recourir uniquement à la répétitivité du travail de masse : l'équipe retrouve une valeur forte parce qu'elle constitue l'unité d'organisation la plus efficace quand un travail doit être *ajusté, adapté* ou même *inventé* en fonction des objectifs, des processus et des interlocuteurs du moment.

D'une part, la complexité des tâches suppose l'articulation des multiples connaissances apportées par différentes personnes. Mais la conjugaison des intelligences ne se décrète pas et rend indispensable le contact et la coopération volontaire d'homme à homme. D'autre part, l'étendue des marchés et des entreprises impose d'articuler des activités à vitesse maximale entre des individus physiquement éloignés. L'émergence des équipes virtuelles présente ainsi deux facettes :

- Un mode ancestral d'organisation et de communication, car le travail d'équipe s'appuie sur la coopération humaine, l'échange direct et la personnalisation des relations au sein de groupes restreints.

- Un nouveau mode d'organisation lié aux technologies de communication, car il s'agit désormais de personnaliser des processus de décision, de production et d'échanges à l'échelle des réseaux distants, avec de nouveaux outils électroniques en guise d'intermédiation entre les hommes.

Une équipe virtuelle apprend ainsi à résoudre un paradoxe apparent : travailler en relation directe tout en utilisant les outils du travail à distance. Les écrans et les ordinateurs, que nous avons appris à considérer comme des barrières à la relation, lui offrent des possibilités de contacts et de médiations très étroites. Tout comme une équipe traditionnelle, l'équipe virtuelle se construit par des échanges autour d'une activité partagée. Elle tire avant tout son sens des objectifs à atteindre et non des techniques à utiliser. Certes, les outils et les techniques électroniques sont une condition d'existence des groupes de travail virtuels. Bien sûr, l'informatique de communication change l'univers de l'entreprise et pousse à l'émergence des équipes virtuelles. Mais l'identité de celles-ci tient d'abord aux personnes qui les constituent et à la nature particulière de leurs activités qui ont muté au cours des évolutions sociales, économiques et technologiques.

Les mutations du travail contemporain consistent essentiellement à dématérialiser des produits. Pour en situer l'origine, une approche classique consiste à remonter à Gutenberg et à la propagation du livre et de l'imprimé. L'écriture et le papier ont permis de symboliser la pensée et de l'inscrire sur un support transmissible, deux faits qui jouent toujours un grand rôle dans les processus de travail actuels. Plus directement situé dans le champ de l'organisation, un repère plus récent nous est donné par l'expansion du secteur tertiaire très fortement marqué par l'écriture et le papier : depuis le début du XXe siècle, toutes les entreprises ont été gagnées par les formes d'organisation bureaucratique. Pour les analystes, cette organisation se caractérise par la spécialisation des tâches, l'émergence du fonctionnariat et le développement de règles impersonnelles destinées à rationaliser la gestion. Dans sa signification courante, la bureaucratie est perçue au travers d'incidences plus pratiques : il n'existe guère d'entreprise contemporaine qui ne soit envahie par des règles et des procédures omniprésentes, ni saturée par une avalanche de dossiers et de papiers. L'organisation bureaucratique a fait émerger les premiers processus de travail qui, déployés en masse, consistent essentiellement à brasser des informations et des directives formalisées à l'aide de mots, de chiffres ou de tableaux, puis à les diffuser et à les conserver par l'emploi dominant du support papier. L'informatique n'a pas pénétré le monde du travail par les mêmes chemins. Les techniques informatiques ont d'abord facilité les opérations de calcul puis transformé les processus industriels. C'est désormais l'électronique qui contrôle en grande partie le fonctionnement mécanique. De nos jours, la figure du travailleur manuel a largement régressé devant celle de l'administratif et du gestionnaire et, désormais, devant celle de l'ingénieur et du technicien. D'autres figures ont émergé avec force : les créatifs qui génèrent des idées et les professionnels qui délivrent de la relation et du service. L'essentiel tient moins dans la conception et la fabrication d'un produit tangible que dans la délivrance à jet continu de produits nouveaux et des services associés. Les domaines de connaissance sont extraordinairement diversifiés, les professions sont hautement spécialisées et les domaines d'expertises de plus en plus pointus se sont multipliés. Plus de diversité et d'interactions entre les hommes, plus d'anticipation et de réactivité face aux événements, plus de complexité, de connaissances et d'innovations... Pour maîtriser ces savoir-faire mouvants et terriblement segmentés selon les champs de connaissances et les professions, l'information et la communication prennent partout la place dominante.

L'écrit :
un matériau, une ressource, un produit

À ce jour, les supports de travail les plus banals sont à la fois le stylo et le papier, l'écran et le fichier électronique. Les tableaux de commandes numériques et la manipulation de signaux et de codes ont envahi le monde du travail. L'activité des hommes a toujours été liée au langage mais, au siècle passé, les processus industriels ont surtout forcé l'attention sur la transformation des matériaux et sur la suite mécanique des gestes. Le point focal constitué par le travail physique et mécanique s'est déplacé : l'emploi des mots et des signes domine tous les processus de production dans toutes sortes d'activités et quel que soit le métier. Toutes les professions hautement qualifiées passent obligatoirement par des activités de conception, de formalisation écrite et de production graphique. L'ingénieur élabore des études, le scientifique publie ses résultats d'expérience et, de l'équipe « recherche et développement » au bureau d'études, le texte, l'image, la maquette ou le plan dominent. Le phénomène englobe les métiers nouveaux – par exemple, l'industrie des jeux vidéo – mais aussi les métiers qui se réfèrent à une tradition manuelle, artisanale ou industrielle. En 1950, la composition d'une page de journal n'aurait pas trop dérouté un imprimeur du XIXe siècle. Que comprendrait-il au matériel informatique d'une entreprise de presse contemporaine ? Chiffres, textes, sons, images fixes ou animées en 2-D ou 3-D, tout est numérisable et la maîtrise des machines à numériser est devenue indispensable dans la plupart des secteurs. L'écrit lui-même est devenu bien plus qu'un moyen de consigner des règles administratives. Il formalise des connaissances et constitue à la fois un matériau, une ressource et un produit :

- Un matériau, lorsque l'information apporte des données brutes qui seront traitées et transformées.

- Une ressource, lorsque le document apporte des connaissances formelles qui alimentent une décision ou un travail à fournir.

- Un produit, lorsqu'un document produit au terme d'un processus donne une forme concrète au travail réalisé.

Un changement majeur est survenu : des activités immatérielles, qui étaient jadis considérées comme des charges improductives, sont désormais des sources directes de valeur ajoutée et aboutissent à la fabrication de produits monnayables. Dans ce sens, les outils électroniques mis à la disposition des équipes virtuelles jouent un nouveau rôle : l'informatique de communication a maintenant une fonction essentielle car en amont des échanges nécessaires au travail, les ordinateurs sont les outils de base de la production de biens et de services immatériels. L'information plus rapide et la communication plus facile entre les équipes virtuelles n'ont pas de valeur en elles-mêmes. S'informer et communiquer constituent des activités à valeur ajoutée parce que les échanges sont consubstantiels au travail à effectuer et que l'amélioration des échanges optimise les actions opérationnelles.

Échanges électroniques :
communiquer pour agir

Plus personne n'ose penser que la communication d'entreprise se réduit à un journal interne et au discours du PDG à l'occasion du séminaire annuel. Le monde du travail a pris conscience qu'il n'existe pas d'activité, fût-elle en grande partie solitaire, qui ne soit insérée dans des chaînes de relations non seulement économiques mais également culturelles, sociales et techniques. La communication opératoire qui s'attache aux activités de production est celle qui présente le plus de valeur pour l'entreprise. Dans une démarche de coproduction, la communication dépasse la simple visibilité des informations et l'affichage de documents partagés ; elle vise l'engagement des relations nécessaires à la réalisation commune des tâches.

Dans un environnement que l'on considère stable, une suite de tâches peut théoriquement être exécutée en référence à des savoirs établis et à des procédures qui s'appliquent de façon impersonnelle à tous et dans toutes les situations. Dans un environnement changeant et imprévisible, délivrer une instruction claire ne passe pas par la diffusion d'une consigne générale établie a priori. Une explication particulière, adaptée aux circonstances, est bien plus efficace que l'énoncé d'une procédure instituée mais très éloignée du travail réel. Dans un milieu concurrentiel qui oblige au renouvellement constant des offres, tout processus d'innovation fait appel à des idées et à des savoir-faire extérieurs, réinventés et adaptés au domaine de l'entreprise. Dans un contexte dominé par la vitesse et la réactivité, pas de production efficace sans interactions rapides permettant de coordonner le travail en réponse aux événements. Au plan opérationnel comme au plus haut niveau de la direction des entreprises, pas de décision d'importance qui ne repose au préalable sur un concours d'informations, d'arguments et d'avis. Connaître l'information au bon moment, conjuguer les compétences, coopérer clairement et coordonner l'action à bon escient : partout, l'accent est mis sur les communications nécessaires à la performance des processus. Pour agir, les activités d'échange sont devenues décisives. Les réseaux électroniques et les outils de communication jouent ici un rôle d'intégration : si le travail est produit au format numérique, s'il est intimement lié à des échanges, travail et communication doivent être menés de façon cohérente dans le cadre d'un processus d'ensemble et via le même support.

Chapitre 2

LES FONDEMENTS
DU TRAVAIL EN RÉSEAU

À la faveur de l'expansion des NTIC et du perfectionnement des outils de communication, les équipes virtuelles se distinguent d'emblée par une tendance organisationnelle, le travail en réseau. Emploi de nouveaux outils électroniques, productions typiquement immatérielles et travail en réseau sont trois caractéristiques présentes dès le début de l'Internet, conçu dans les années 1960 comme technologie de soutien aux coopérations dans les secteurs de la recherche et des universités. Le principe de coopération est l'un des fondements idéologiques du travail en réseau, avec deux finalités essentielles : le partage et la libre diffusion des savoirs ainsi que le développement des recherches et des inventions menées en commun. On assiste dans le secteur marchand à l'ajout systématique d'une troisième finalité : l'amélioration des performances organisationnelles.

La notion d'échanges en réseau recouvre l'ensemble des relations humaines, qu'il s'agisse des simples relations de voisinage ou des contacts établis à des fins professionnelles. Diffusée sous cette acception générale, amplifiée sous l'effet des réseaux technologiques, l'idée première du réseau s'applique désormais au monde du travail et des affaires, en insistant sur la collaboration. À l'échelle des organisations, la notion de « collaborative business » rend compte de façon large du fonctionnement des entreprises agissant ensemble dans cette logique de réseau. À l'échelle des équipes, l'expression « travail collaboratif » est plus couramment employée pour désigner le travail en réseau médiatisé par ordinateur.

Optimiser les processus de travail

Le « collaborative business » – expression importée des États-Unis et diffusée telle quelle en France – repose sur un simple constat : dans une entreprise, aucun processus n'est totalement indépendant des ressources et des contacts extérieurs. Qu'il s'agisse de matériaux informatifs, de compétences, de produits ou de services, les organisations ne peuvent pas – ou ne souhaitent pas – tout développer en propre. En sollicitant des acteurs multiples pour des activités communes, la coopération est sous-jacente à de multiples formes de co-actions inter-entreprises. Le principe : les organisations collaboratives améliorent la performance car lorsque les hommes coopèrent et se coordonnent activement, ils accroissent la réactivité, la capacité et la qualité de production en obtenant des résultats à moindre coût. L'étendue des avantages de la co-action, ou collaboration, est clairement perceptible lorsqu'on envisage les processus majeurs de toute entreprise.

Au plan commercial, le « collaborative business » ne s'attache pas exclusivement à l'affichage des produits ou à l'enregistrement des commandes et des paiements électroniques. Il dépasse la constitution des bases de données commerciales pour viser l'établissement d'une relation entre l'entreprise et son client, afin de favoriser l'ajustement de l'offre et le déclenchement de l'acte d'achat. C'est tout particulièrement en matière de transactions « business to business » que sont mis en évidence des mécanismes d'ajustement coopératif : en position d'interdépendance réciproque, les entreprises s'éloignent du modèle de relations client-fournisseur et évoluent vers des modes transactionnels plus proches du partenariat. La démarche s'applique de façon extensive puisqu'elle permet d'améliorer les processus d'acquisition des ressources, par exemple, par regroupement d'entreprises tirant parti d'une même plate-forme de « e-procurement » ou de « e-market ».

Les processus de production et de gestion sont envisagés dans la même perspective. Dans tout système d'action organisée, le « collaborative business » met en avant les valeurs de co-définition d'un problème, de co-conception, et très généralement de co-action pour optimiser les processus de travail et d'échange. La démarche est naturellement très propice aux travaux innovants développés en partenariat : les processus d'innovation conjuguent souvent des compétences issues d'organisations différentes. Mais le modèle du travail en réseau s'applique à l'échelle des groupes qui travaillent au sein d'une même organisation pour mener des processus stables,

dits récurrents ou « de routine ». Le « collaborative business » inclut la
recherche d'amélioration permanente au sein d'équipes stables,
chargées d'activités régulières, mais soumises néanmoins aux
nécessités d'optimisation dans des organisations qui recherchent la
qualité et traquent les coûts inutiles.

Dans ce contexte, et sous l'effet médiatique qui a promu les NTIC, la
mode du « e-business » a négligé l'importance de la collaboration,
mettant essentiellement l'accent sur les aspects technologiques. C'est
le cas, notamment, des communications interentreprises réduites aux
EDI[1], de la gestion des connaissances limitée à la vente des supports
de KM[2] ou des processus commerciaux limités au déploiement des
outils de e-marketing ou de e-commerce. Le « collaborative
business » tue les limitations techniques propres au « e-business » :
bien plus étendu, et sans négliger l'apport majeur des techniques, il se
focalise tout autant sur les hommes et les processus. L'approche du
« collaborative business » est donc globale et complexe, et porte sur
l'essentiel de l'organisation.

Faire coopérer et coordonner les équipes

Alors que le « collaborative business » situe les enjeux de la communication à l'échelle des stratégies et des grands processus d'entreprise, le
« travail collaboratif » s'attache plus particulièrement aux aspects
opératoires. Au premier regard, la notion de travail collaboratif pourrait
paraître comme une tautologie. En effet, la collaboration est usuelle-
ment définie par le fait de travailler de concert avec d'autres personnes
pour générer un résultat commun. On pourrait alors affirmer que dès
lors qu'une entreprise dépasse la forme unipersonnelle, elle suppose
des actions concertées et des résultats obtenus à plusieurs. De fait,
toute entreprise et toute équipe seraient donc spontanément
« collaboratives » ? Non, car la nouvelle notion de travail collaboratif se
démarque par rapport à certaines caractéristiques des organisations
traditionnelles. Elle se rapporte à deux concepts, la coopération et la
coordination, dont les implications sont plus particulièrement pertinentes au vu des besoins actuels des entreprises :

---

1. EDI : échanges de données informatisées
2. Voir note 4, page 18.

– la coopération renvoie à l'idée d'activités réparties entre plusieurs personnes qui participent volontairement à un travail commun.

– la coordination consiste, à partir d'activités préalablement réparties entre plusieurs personnes, à trouver l'agencement qui permet de reconstituer un ensemble cohérent.

La division du travail et la coordination ont toujours constitué les points centraux de réflexion pour l'organisation, mais pas sous la forme particulière de la coopération. Prenons un exemple classique, celui de la division scientifique du travail, à l'origine des chaînes industrielles. Dans sa vision la plus caricaturale, le travail à la chaîne se dispense de tout esprit de coopération : il suffit que les uns exécutent les gestes prescrits en suivant les directives que d'autres ont conçues. Quant aux coordinations, elles passent dans ce cas par une autorité dont le rôle est d'indiquer les bons enchaînements, le rythme optimal et les décisions à prendre en cas de problème. Dans cet exemple (est-il si archaïque ?), la coopération est un phénomène sans valeur et sans rapport avec les procédés de coordination et de contrôle du travail.

Par contre, lorsque le résultat à produire suppose très explicitement de croiser des connaissances multiples et distribuées, la coopération humaine devient impérative. Agir en commun et résoudre les problèmes à plusieurs suppose, de façon sous-jacente, une volonté autonome de la part des individus qui s'accordent pour réussir. Dans cette configuration, les processus de coopération prennent une valeur critique et les modes de coordination changent.

• **En coopération**

L'équipe agrège en elle-même les compétences qui lui permettent de s'accorder sur une représentation commune du résultat à atteindre, de concevoir communément les modes opératoires pour mener à bien le travail à effectuer, de s'apporter un concours solidaire dans la réalisation des tâches et notamment en cas de problèmes à résoudre.

• **En coordination**

La mobilisation des membres de l'équipe joue nécessairement lorsque celle-ci doit réagir de façon adaptée aux événements. Au sein des groupes démotivés, personne ne s'implique pour signaler au plus tôt la détection d'un problème, ou pour partager un savoir-faire qui viendrait à bout d'une difficulté. Il faut aussi une mobilisation réelle pour travailler plus, ou plus vite, afin de respecter une échéance commune. De tels niveaux de mobilisation supposent non seulement un autocontrôle de la part des individus qui coordonnent leurs activités en équipe mais aussi un souci d'efficacité collective qui relève d'une attitude coopérative.

De façon générale, l'implication volontaire des compétences et des énergies est le ressort des coopérations et des coordinations qui définissent le travail collaboratif. Lorsqu'ils sont mis en œuvre, ces mécanismes agissent simultanément sur le niveau de performance. Bien plus, lorsqu'on les considère dans le cadre d'un travail d'équipe, la coopération et la coordination sont deux phénomènes interdépendants : c'est parce que les participants ont intérêt à coopérer – quel que soit leur intérêt personnel – qu'ils vont fournir un effort maximal afin de coordonner leur action.

Caractéristiques des équipes virtuelles

Contrairement aux simples groupes qui s'impliquent peu dans la tâche à effectuer, le niveau de mobilisation, de coopération et de coordination d'une équipe virtuelle fait la qualité du travail collaboratif. Le challenge consiste à établir ce niveau de mobilisation et d'ajustements mutuels, compte tenu d'autres caractéristiques qui apparaissent de façon constante au sein de ces équipes.

Toutefois, les équipes virtuelles étant de formation récente, il n'est pas possible d'en cerner les formes de façon établie ou normative. Les caractéristiques suivantes émergent de leur observation et ont valeur de repères.

• Dispersion des participants

Liée à la taille et à l'extension territoriale des entreprises contemporaines, la dispersion des individus est un facteur bien identifié qui déclenche la constitution des équipes virtuelles. Cette dispersion, tant géographique que temporelle, comprend aussi toutes les situations qui créent des obstacles aux rencontres alors que les individus doivent travailler ensemble. Ainsi trois facteurs déclenchent la formation d'équipes virtuelles :

– la distance spatiale : les équipes virtuelles compensent les écarts géographiques ;

– la dissociation des temps de travail : les équipes virtuelles compensent les décalages de rythme et d'horaires ;

– les clivages organisationnels : les équipes virtuelles travaillent ensemble à partir d'unités d'organisation ou d'entreprises différentes.

• **Organisation par ajustement mutuel**

La coordination du travail par discussion et accords mutuels n'est pas le seul procédé organisateur des équipes virtuelles, dont la plupart ont émergé dans des contextes qui demandent une adaptation permanente ou de l'innovation, donc un haut niveau d'échanges. Moins guidée que dans les processus traditionnels par des procédés et des connaissances stables et par des règles établies, l'organisation de ces équipes suppose toujours une autodéfinition du processus de travail à réaliser, avec pour facteurs clés :

– l'identification très claire des objectifs et des résultats à atteindre ;

– la co-définition des plans d'actions à mettre en œuvre ;

– la clarification des rôles, de la répartition des tâches, des modalités de contrôle du travail et des résultats à obtenir.

• **Appropriation et usage des NTIC**

Le travail en équipe virtuelle repose sur une prise de conscience de cette mutation qui modifie la nature des activités humaines (produites sur des supports électroniques) et, corrélativement, rend plus opportun l'emploi des nouveaux médias (processus partagés, produits et services échangés sur un réseau numérique).

Pour effectuer des échanges, une équipe virtuelle apprend à agir dans un monde de simulation électronique. La domestication des outils suppose une habileté technique et de nouvelles formes de communication via un réseau d'ordinateurs. Le changement affecte l'expérience humaine en modifiant les représentations mentales et les pratiques :

– nouveaux concepts : travailler dans un espace virtuel et établir des rapports professionnels et humains médiatisés par l'emploi d'outils numériques ;

– nouvelles attitudes : modifier les habitudes de rétention d'information et de compétition interne, développer des comportements plus autonomes et plus responsables aux fins de collaboration ;

– nouvelles pratiques : changer les habitudes quotidiennes pour exploiter les outils électroniques chaque fois qu'ils offrent plus d'efficacité et de confort que les échanges et les outils traditionnels.

« Virtualiser » une équipe ne se limite donc pas à contacter des individus dispersés et à les doter d'outils de communication électroniques. Certes le déploiement des dispositifs et la qualité des outils constituent un potentiel en amont de toute réalisation ; quant aux performances, elles impliquent un passage aux actes. Ce chemin qui va de l'idée et des outils à l'action repose sur un apprentissage au cours duquel les participants intègrent les nouvelles technologies à leur pratique professionnelle. Sans usage, il n'existe ni performance liée aux outils ni rentabilité des investissements technologiques. La construction des usages est donc une démarche centrale pour la réussite des équipes virtuelles.

Chapitre 3

CONSTRUIRE
LES NOUVEAUX USAGES

L'intérêt porté à la notion d'usage des NTIC résulte d'une première observation : il ne suffit pas qu'un outil soit utile et utilisable pour qu'il soit exploité. L'usage ne renvoie donc pas simplement à la maîtrise du mode d'emploi qui permet le fonctionnement d'un matériel électronique. Ce n'est pas non plus l'utilisation d'un outil conformément à l'idée initiale des informaticiens qui l'ont conçu.

La notion d'usage désigne la façon dont un outil prend place dans l'ensemble des pratiques professionnelles des utilisateurs : les technologies de travail collaboratif sont adoptées quand leur emploi ne réfère pas aux procédés informatiques mais aux travaux et aux échanges entre les hommes. En situation professionnelle, l'usage est finalisé, le travail et ses objectifs priment mais, simultanément, l'emploi des outils se construit en fonction des habitudes de chaque équipe. Cependant, des processus de travail flous, des attitudes et des comportements décalés par rapport au potentiel commun promis par la technique font obstacle à la construction efficace de l'équipe. Voici quelques remarques spontanées issues d'observations sur le terrain. Elles permettent de repérer une crise de croissance au sein de groupes virtuels débutants. S'ils maîtrisent l'essentiel du fonctionnement des outils, ces groupes butent encore sur le changement organisationnel et culturel :

– « *Déposer ces documents dans l'espace partagé, je ne sais pas bien à quoi ça sert et quant à moi, j'ai surtout l'impression que ça me donne du travail en plus* » : les opérations individuelles nécessaires au travail partagé sont remises en question quand la coopération et le travail commun n'ont pas de sens construit collectivement.

– « *Ici, tout le monde est d'accord pour prendre des informations partagées mais personne ne veut en donner* » : dans ce cas, le groupe n'est pas impliqué dans un processus de confiance, les participants s'observent et comptabilisent leurs contributions respectives au lieu de travailler ensemble.

– « *Ces espaces de travail partagés, ça permet surtout au chef de tout surveiller* » ou « *je serais d'accord pour mieux travailler en équipe, mais chez nous ce sont toujours les mêmes qui profitent des résultats pour leur compte personnel* » : dans ce cas, le management d'équipe est envisagé selon un modèle hiérarchique et les membres du groupe se situent de façon antagoniste en adoptant des positions plus individualistes que cohésives.

La dynamique du changement

Lorsqu'on souhaite promouvoir l'usage de nouvelles technologies, le sens donné au travail et l'émergence d'une culture de groupe sont indissociables de l'exploitation des outils. À fortiori si l'on vise un usage efficace et performant qui, en apportant des avantages aux individus, doit satisfaire aux visées de l'organisation. Autant dire que l'appropriation des outils de travail collaboratif ne s'instaure pas sur un mode autoritaire ou normatif. Organiser de nouveaux contextes de travail moins individualistes, adopter des comportements coopératifs, modifier les styles de management : ces profonds changements sont sous-jacents à l'usage optimal des nouveaux outils de communication et affectent les opinions et les attitudes individuelles et collectives. L'individu et le groupe changent dans une même dynamique, ce qui explique l'importance donnée à l'apprentissage collaboratif des équipes lorsqu'elles expérimentent ces formes d'organisation pour la première fois.

Pour les nouvelles équipes virtuelles, l'implication dans l'action est le véritable vecteur des transformations qui permettent de trouver des formes d'échange efficaces.

• Apprendre dans les conditions mêmes de l'échange virtuel

Le travail des équipes virtuelles mêle nécessairement les idées et la pratique. Personne ne peut apprendre à nager sans se jeter à l'eau...

et aucune équipe ne peut apprendre à travailler dans un environnement virtuel sans « y aller », sans s'immerger dans l'expérience pour
intérioriser les nouveaux savoir-faire.

• **Apprendre ensemble**

La communication est au cœur de l'apprentissage des équipes virtuelles
et pourtant, nombreux sont ceux qui s'initient exclusivement au maniement des outils... en tête à tête avec leur ordinateur ! Les nouvelles
formes d'échange ne s'acquièrent pas dans un soliloque entre l'homme
et la machine mais au travers d'échanges se déroulant d'emblée dans le
cadre d'actions menées en groupe. Pour travailler ensemble dans un
espace électronique, des « compétences collaboratives » doivent être
élaborées impliquant :

– Des compétences collectives résultant de l'organisation. Dans
une entreprise, l'action et les interactions sont conçues à
l'échelle collective, qu'il s'agisse de groupes très vastes (les
grands réseaux, l'ensemble du personnel) ou de groupes
restreints (les équipes). À l'échelle des équipes, la dimension
groupale est un fort inducteur de mobilisation pour chacun
des individus, liant ainsi développement organisationnel et
opportunités de développement personnel.

– Des compétences relationnelles. Les différents participants
expriment leur façon de travailler ensemble, en interaction les
uns par rapport aux autres. Les individus n'expriment aucune
attitude ou comportement collaboratif s'ils ne maîtrisent pas
en réciprocité les moyens d'échanger pour se comprendre,
s'accorder et créer ensemble une dynamique commune.

– Des compétences contingentes, liées au contexte. Lorsque les
participants s'immergent dans l'environnement électronique,
ils construisent leur propre expérience d'une situation inédite
vécue dans un contexte de travail très dynamique. C'est dans
l'action qu'ils mobilisent leurs énergies, intègrent de nouvelles
connaissances, réagissent aux événements, et c'est dans ce
contexte que les nouvelles compétences émergent.

Aux particularités de cet apprentissage collaboratif, il faut ajouter les
nouveautés dues au média lui-même et à la façon dont il modifie les
procédés d'échange humain : comment se présenter, s'expliquer, se
comprendre avec ces médias qui infléchissent les modes de
communication ? Les pratiques du travail collaboratif supposent
aussi l'appropriation de moyens d'expression jusque-là inconnus.

Globalement, l'apprentissage dans les espaces de travail virtuels est un processus complexe qui dépasse très largement les acquisitions fonctionnelles utiles au maniement des outils. Face à cette complexité déroutante, et parce que toute communauté a besoin de donner du sens au changement, un référentiel d'action se révèle indispensable. Ainsi, des logiques professionnelles vont fonder le processus à mettre en œuvre et des règles du jeu seront établies pour travailler ensemble.

Les « Logiques et les règles d'usage des outils de travail collaboratif®»[1] sont, pour partie, propres à chaque groupe. Les finalités d'un processus de travail, la nature des activités à effectuer sont en effet propres à chaque métier, et pour un même métier, à chaque contexte d'entreprise et à chaque équipe. Toutefois, les règles du jeu organisationnel, humain et technique ne sont pas inventées en totalité à chaque fois. Certains modes d'organisation et d'emploi des outils relèvent du choix autonome de chaque équipe, alors que d'autres revêtent des caractères génériques. Les règles d'usage génériques reposent sur certaines qualités communes à tous les outils de communication et sur des aspects fondamentaux des processus d'échanges humains.

• Les conventions d'usage autonomes

La malléabilité d'emploi des techniques permet aux équipes de s'organiser avec un maximum de liberté et d'autonomie, par exemple, sur les points suivants : les choix d'objectifs, d'activités, de répartition des tâches et des rôles qui définissent l'organisation ; le langage, le style de relations établies pour nouer les échanges ; l'organisation des espaces de travail électroniques, les techniques et les outils employés en commun pour le déroulement concret des interactions.

• Le guide des règles d'usage génériques

Les règles d'usage génériques formalisent les principes, les méthodes ou les techniques les plus efficaces dans un environnement virtuel. Savoir communiquer à l'écran, animer une réunion électronique, exploiter une bibliothèque de travail partagée... Les connaissances anciennes se renouvellent et s'adaptent aux environnements électro-

---

1. MAIN CONSULTANTS, « Logiques et Règles d'Usage des TIC® », 1998-2002.
Source Web : www.mainconsultants/ConseilFormation/Form_LRU.asp

niques, quels que soient les logiciels de communication et les produits de groupware utilisés.

Parce que les outils de travail collaboratif sont des outils généralistes et hautement personnalisables, ils se prêtent aisément à la flexibilité des usages. Le téléphone est un autre type d'outil généraliste totalement intégré à la variété des comportements et des situations de travail. Le téléphone s'emploie tout aussi bien pour avertir d'un empêchement fortuit (coordination dans le temps) que pour donner un renseignement détaillé à un collègue (en toute coopération). C'est sur le même mode qu'une équipe virtuelle exploite les outils électroniques : d'emploi commun dans toutes sortes de métiers, ils servent à chaque fois des buts particuliers inventés au jour le jour et en cela ils deviennent parfaitement banals. Participer à une réunion, contrôler des échéances, étudier ou produire des documents, solliciter l'avis de partenaires... Ce sont justement ces actions ordinaires qui sont transposées dans un environnement virtuel : l'action quotidienne est le véritable terreau de l'émergence des usages.

Au-delà des prescriptions technologiques

La question des usages n'entre pas dans la vision courante de l'informatique. Dans un projet classique, les positions respectives des informaticiens et des utilisateurs sont clairement marquées. Côté informaticiens, des produits conçus pour les utilisateurs ; côté utilisateurs, des outils plus ou moins utilisés selon les prescriptions de la technique. Entre les deux, des méthodes informatiques guidant l'expression des besoins, suivies de développements et de paramétrages adaptant le fonctionnement au contexte d'utilisation. Dans cette démarche, les attentes passent au filtre des concepts et des impératifs techniques. Lorsque les choix organisationnels et humains sont reformulés en une longue suite de spécifications, on ne sait plus très bien situer le rôle de l'informatique. Sert-elle les hommes et l'organisation ? Ou bien l'organisation des entreprises et des hommes est-elle assujettie à des logiques purement techniques et fonctionnelles ? Comment se construisent les usages lorsqu'un outil informatique est introduit avec ces méthodes dans une organisation ?

L'introduction des outils de travail collaboratif est trop souvent abordée dans le droit fil de l'informatique classique avec des démarches très simplifiées : tout l'effort d'apprentissage est centré sur l'acquisition d'habiletés instrumentales consistant à identifier les clics qui permettent d'effectuer les opérations de base. Souvent, le résultat paraît bon à la fin d'une session de formation... même si les bénéfices sont moins évidents à moyen terme. Dans le cas des outils informatiques les plus classiques, la norme d'utilisation se construit souvent sous le poids des contraintes qui s'établissent dans l'organisation : on ne compte plus les techniques informatiques modifiant les processus de production qui ont d'abord été rejetées ou détournées pour finalement être utilisées – souvent à grands frais de développement informatique apportant des améliorations fonctionnelles.

L'informatique de communication n'entre pas dans une représentation qui fait de l'objet technologique un outil « ready made » dont les fonctions seraient passivement exécutables, ni même dans une visée uniquement structurante avec des modes de fonctionnement prescrits suivant un mode d'emploi unique. En matière de travail collaboratif, de telles démarches se soldent par une perte sèche. Cela ne provient pas des propriétés de l'informatique de communication mais des démarches et des pédagogies impropres au développement organisationnel et humain définissant le travail d'équipe. Dans une équipe consciente des enjeux et des responsabilités liées au travail, on n'introduit pas une innovation technologique de façon strictement autoritaire et normative, et moins encore comme un gadget. La majorité des êtres humains s'empresse d'oublier une suite de clics dénués de signification et d'utilité, à défaut de sens donné au travail partagé et d'une expérience qui ne peut émerger qu'en situation professionnelle. Dans ce contexte, introduire des outils de communication nouveaux puis viser la performance avec une formation de type « clic and go » aboutit à des résultats dramatiquement insuffisants.

Les clés de construction des équipes virtuelles s'élaborent par étapes qui sollicitent des réflexions associées à des expériences pratiques. Les effets s'additionnent de façon non linéaire :

• Découverte

Connaître les potentialités offertes par les outils électroniques et le travail en réseau.

• Finalités

Clarifier les objectifs de l'équipe ainsi que les améliorations souhaitables en cernant les sources d'optimisation liées à un environnement virtuel.

• **Organisation**

Aménager l'espace de travail partagé en suivant la logique des activités collectives et en visant leur amélioration.

• **Pratique**

S'initier au maniement des outils et mettre en œuvre les activités opérationnelles en s'appuyant sur les outils de travail collaboratif afin de renforcer les processus de travail et d'échange.

Figure 1-1 – Développement des *Logiques et Règles d'Usage des Outils de Travail Collaboratif*®

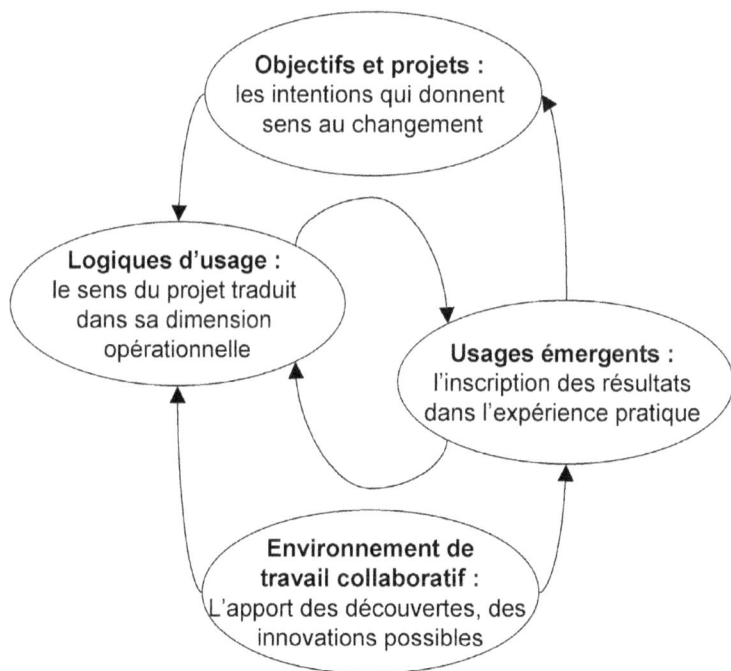

Myriam BARNI, 1998-2002

Dans une telle démarche, la découverte et l'expérience ne se déroulent pas de façon erratique. Afin de donner son orientation au changement, la logique d'action de l'équipe prime, elle dépend avant tout des objectifs et du processus de travail. Quant aux mécanismes d'apprentissage, ils s'inscrivent dans la même logique d'action. Un processus de travail mis en œuvre comporte des suites d'activités et des rôles à tenir qui engagent les participants dans des situations de travail et de communication vécues en équipes. Vécus en situation, les apprentissages proposés correspondent à des centres d'intérêts réels, créant ainsi les conditions propices à l'appropriation de nouvelles connaissances et de nouvelles pratiques. Ces dynamiques, étroitement liées à l'action, sollicitent très largement l'adhésion des participants et s'appuient sur leur implication. En première approche, les outils électroniques confrontent les hommes à des connaissances et à des objets techniques qu'ils doivent pouvoir maîtriser. Pourtant, c'est essentiellement dans le champ des savoirs sur l'organisation et des sciences humaines que se trouvent les modèles d'action propres à favoriser l'adoption des innovations technologiques. Les méthodes linéaires et les théories des sciences exactes ne sont d'aucun secours pour mener des processus de changement qui sont des dynamiques contingentes, sensibles aux hommes et aux événements.

Dans ce contexte, l'un des rôles forts dévolus au manager d'une équipe virtuelle est de créer les conditions favorables à la mobilisation humaine. En points d'appui, les perspectives de progression personnelle, l'attrait de processus innovants, le développement de l'autonomie professionnelle et du travail d'équipe constituent des challenges mobilisateurs. Mais au départ, la vision claire des objectifs à atteindre ainsi qu'une démarche fondée sur l'expérience sont les facteurs premiers pour donner du sens au changement et entraîner le mouvement.

LES POINTS CLÉS À RETENIR

① **Mener un projet humain : travailler en réseau, ce n'est pas échanger des données, c'est travailler en groupes ou en équipes** – Le « network » ne se réduit pas au fonctionnement des infrastructures intranet ou de l'Internet. Pour travailler ensemble et s'organiser efficacement, les hommes ont besoin d'établir des contacts humains, de discuter, de mener des échanges ouverts en continu. Avec des outils d'échange électronique, la performance des petits groupes comme celle des grands réseaux passe par la construction de liens sociaux entre les personnes en présence.

② **Viser les apports en organisation : travailler en équipe, ce n'est pas agir ou discuter dans le vague, c'est cibler l'amélioration de la performance** – Pour les entreprises, le « collaborative business » est la forme d'organisation la plus appropriée pour saisir toutes les opportunités liées aux réseaux d'entreprises, en reliant les collaborateurs, les partenaires et leurs clients autour de processus communs. C'est à l'échelle des groupes que le « travail collaboratif » est le moteur du « collaborative business » : des coopérations plus étroites et des coordinations renforcées devant améliorer la performance des processus.

③ **Sélectionner les bons outils : travailler en équipe, ce n'est pas exploiter n'importe quel gadget technologique, mais exploiter des outils expressément conçus pour le travail et la communication en groupe** – Sur un réseau intranet ouvert sur l'Internet, les outils de travail collaboratif (dits aussi « outils de groupware ») sont les instruments dédiés au travail d'équipe. Il est grand temps que les entreprises, qui pour beaucoup ont déjà acquis cet outillage, l'exploitent au-delà de la simple messagerie : réunions à distance, bibliothèques de documents, agendas partagés, gestionnaires de tâches collectifs et workflows, les outils de groupware couvrent tous les registres d'échange nécessaires au travail collaboratif.

④ **Se concentrer sur l'usage : sans développement des pratiques, pas de retour sur investissements technologiques** – Innovantes et réactives, étendues et flexibles, les organisations ont besoin de la vitesse d'information que leur apportent les nouvelles technologies et elles sont de plus en plus tributaires des connaissances et des compétences humaines déployées désormais sur les réseaux électroniques. Ces changements organisationnels et techniques transforment les modalités d'échange et d'action humaine. Clarté des processus de travail, démarche de changement construite en équipe et appropriation directe par l'expérience sont les clés pour faire émerger des usages effectifs et produire des résultats pratiques.

Deuxième partie

Perspectives
et voies d'application

Toutes les organisations ont-elles intérêt à développer le potentiel des équipes virtuelles ? Une analyse méthodique permet de répondre à cette question de façon approfondie, en posant notamment les objectifs et les enjeux d'entreprise puis en analysant les processus de travail et de communication à améliorer. Mais pour une estimation rapide, l'observation empirique des situations de travail et de communication peut fournir les premiers éléments d'analyse.

Autodiagnostic : Estimer l'opportunité des équipes virtuelles dans une organisation

La démarche est simple. Parmi les propositions suivantes, noter à l'aide de leur numérotation celles que l'on entend le plus souvent ou qui semblent justes dans le contexte de travail considéré :

1. Entre les temps partiels, les récupérations RTT et les congés, on voit bien que les lundis, mercredis et vendredis sont devenus des « jours creux ».

2. Répondre à cet appel d'offre international dans la semaine ? On ne va pas y arriver, il faudrait d'abord qu'on se mette d'accord sur tous les aspects du dossier et tu sais bien que la moitié des experts concernés sont en déplacement.

3. Je ne comprends pas la façon de travailler de ces types en Italie, c'est fou ce qu'ils m'énervent. Il faudrait s'expliquer un peu mieux, sinon ce projet va droit dans le mur.

4. Les cycles de travail répartis en continu entre les 3 unités ? Le système aurait bien marché si on avait prévu du temps pour coordonner correctement le travail d'une équipe à l'autre.

5. Il y a tellement de dossiers et de papiers partout dans ce bureau, je cherche ce rapport depuis une demi-heure sans aucun succès. Ça m'énerve de perdre du temps aussi bêtement.

6. OK pour cette série de déplacements en avion, mais pas de frais d'hébergement en supplément : vous prendrez toutes les fois le premier vol de 6 heures et le dernier retour à 22 h 30.

7. Notre expert est très bon sur cette question et il serait sûrement d'accord pour participer, mais c'est impossible de l'associer vraiment à l'équipe projet : il est parti en mission pour six mois aux États-Unis.

8. Entre ceux qui arrivent tard le matin et ceux qui partent tôt l'après-midi, il reste juste 4 heures par jour pour travailler ensemble aux affaires en cours.

9. Tous ces fichiers électroniques qui s'empilent sur le serveur, ça ne fait pas gagner du temps pour trouver le bon document, ni pour comprendre qui l'a écrit et pourquoi.

10. Venez tous et tant pis pour les déplacements : le dossier est assez simple, mais il faut que tout le monde soit là pour se tenir au courant sur quelques points très délicats.

11. J'ai encore 8 versions du même document plus des textes éparpillés. Mais enfin, qui a modifié quoi dans ce rapport que tout le monde a fait circuler par e-mail ?

12. Oui, toute l'équipe a bien reçu les tableaux de résultats mais on ne peut pas les utiliser correctement : il faudrait d'abord que le service technique s'explique sur les modes de calcul.

13. Le client hurle ? C'est vrai, la commande est toujours en suspens mais il y a un problème et il n'y pas d'explication dans le dossier. On attend le retour du responsable, débrouille-toi pour faire patienter.

14. Je veux bien déménager mon bureau pour aller travailler avec la nouvelle équipe au 5e étage, mais ça ne va pas du tout arranger ma participation aux deux autres projets en cours.

15. C'est toujours pareil, l'année dernière il y en a qui ont fait un boulot du même genre, mais comme on ne peut pas s'en servir, il faut encore refaire ce qui a déjà été fait par d'autres.

16. Si je devais lire tout ce que je reçois par e-mail, je passerais ma matinée à répondre aux messages électroniques.

17. Le siège nous demande encore des données complémentaires, je vais répondre a minima et en vitesse : on se demande bien à quoi ça leur sert de nous faire faire ce boulot idiot.

18. Dites, on est bien sûr que cette version de la maquette est la bonne ? La dernière fois que le central a diffusé un plan, on a assez perdu de temps et d'argent suite à une erreur de mise à jour !

Si vous avez coché au moins neuf propositions sur dix-huit, sans doute votre entreprise ou votre équipe vivent-elles à plein les impacts du changement économique – compression des coûts, plus grande exigence de vitesse et de performance – avec leurs conséquences sur le rythme et l'organisation du travail.

Parmi ces dix-huit propositions, il n'y en a peut-être que quelques-unes qui décrivent correctement votre contexte professionnel. Il convient dans ce cas d'y regarder à deux fois en faisant attention à la nature des enjeux. Cocher uniquement la proposition 2, par exemple, montre des failles dans la préparation des propositions commerciales et des problèmes de réactivité pour la formulation des offres, avec de lourdes conséquences pour le développement des affaires. Cocher uniquement la proposition 18 peut indiquer des problèmes de coordination attachés aux cycles de développement d'un produit : erreurs anodines qui pèsent lourd en pertes financières lorsque des équipes travaillent plusieurs semaines sur la base de plans ou de maquettes erronés.

Pour aller plus loin dans une première estimation empirique, les propositions peuvent être regroupées par configuration :

- Si les réponses 2, 3, 6, 7, 10, 12, 17, 18 sont cochées : très forte problématique du travail à distance.
- Si les réponses 2, 3, 4, 7, 14, 17 sont cochées : besoins en flexibilité prépondérants aux frontières de l'organisation.
- Si les réponses 1, 4, 5, 8, 9, 11, 13, 15, 16 sont cochées : c'est la problématique de gestion du temps qui domine.

Pour estimer la portée organisationnelle des équipes virtuelles, trois perspectives privilégiées offrent des possibilités de repérage :

- Développement des actions à distance.
- Meilleure articulation des temps de travail.
- Apport en étendue et en flexibilité pour les organisations.

Chapitre 4

TRAVAILLER ENSEMBLE
À DISTANCE

Il s'agit ici de s'intéresser à la résolution des problèmes dus à l'éloignement physique des membres d'une équipe. En effet, d'un fuseau horaire à l'autre, le travail en équipe n'est pas envisageable sans les réseaux qui créent des possibilités de liens. Même de petits écarts kilométriques s'accompagnent d'obstacles qui freinent le travail commun, par exemple lorsque les rencontres supposent des déplacements en voiture et des heures d'embouteillage. Cependant, les problèmes traités vont bien au-delà d'un allègement du temps et des coûts de transport. Un véritable travail d'équipe suppose une densité d'interaction et des détails d'ajustement indispensables à des relations cohésives et étroitement coordonnées. En matière de travail à distance, l'approche intéresse les équipes qui doivent améliorer leur niveau d'efficience, en recouvrant deux cas de figure : en premier lieu, le travail à grande distance, qui rend rare ou impossible toute rencontre face à face ; en second lieu, le travail à faible ou moyenne distance qui pose toujours un problème d'équilibre entre d'une part, l'utilité des déplacements et réunions collectives et d'autre part, la réalisation des activités personnelles.

La performance à échelle planétaire

La mondialisation est couramment citée comme le ressort fondamental qui explique l'émergence des équipes éloignées. Avec la virtualisation des marchés financiers, la caractéristique la plus connue de la mondialisation est le développement des entreprises globalisées. Délocalisations et relocalisations, fusions acquisitions et toutes les formes d'alliances intercontinentales sont typiques de ces entreprises qui ont une vision planétaire de leur développement. Pour elles, la distance géographique constitue un facteur secondaire. Si la mondialisation évoque spontanément les grandes entreprises, en réalité le phénomène implique aussi des organisations dont les effectifs se limitent parfois à quelques centaines, voire quelques dizaines de personnes. Lorsque ces organisations sont innovantes ou qu'elles détiennent un savoir-faire de haut niveau, la sphère territoriale de leur activité est très large, prenant éventuellement une dimension planétaire.

Dans ces formes d'organisation très étendues dans l'espace, l'ensemble des processus d'entreprise est concerné. Ainsi, les processus de décision sont répartis, par exemple, entre plusieurs directions au sein d'un groupe ; la gestion des ressources humaines doit, de son côté, prendre en compte les activités liées à l'emploi d'un nombre croissant de collaborateurs expatriés tandis que les transactions commerciales se complexifient, avec des groupements d'achat ou des unités de vente à articuler sur divers territoires. Quant aux activités de production ou de R & D, elles se répartissent entre plusieurs unités d'organisation.

Certaines formules de travail à distance peuvent simplement améliorer l'efficacité des échanges opérationnels. Dans ce cas, les interactions vont permettre d'expliquer le sens des données transmises d'un point à l'autre. Objectif : permettre une meilleure compréhension commune afin notamment d'éviter les erreurs et les coûts qui en résultent. Les exemples qui suivent sont plus particulièrement emblématiques des bénéfices apportés par le travail à distance lorsqu'il suppose, au-delà du transfert d'informations bien détaillées, une synergie caractéristique du travail en équipe :

• **Réponses aux appels d'offres internationaux**

Exemple dans le domaine de l'ingénierie : alors qu'ils dirigent des projets de terrain en divers points du monde, des spécialistes de haut vol réunis en équipe virtuelle allient leur expertise pour rédiger une proposition commerciale dans un délai record.

• **Recherche dans les domaines scientifique et technique**

Exemple dans le domaine de la recherche médicale : dispersés dans divers laboratoires menant chacun des travaux en propre, des scientifiques conjuguent leurs ressources et leurs résultats pour mener en commun une expérimentation innovante.

• Conception et développement de nouveaux produits

Exemple dans le domaine de l'industrie : dans le cadre d'alliances entre groupes et filiales, des ingénieurs et des designers dispersés dans leurs zones d'implantation respectives travaillent en commun à la conception d'un nouveau modèle.

• Formations et diffusion de nouvelles pratiques

Exemple des réseaux mutualistes ou franchisés : en vue du lancement d'un nouveau produit qui sera distribué dans l'ensemble du réseau, des groupes d'apprentissage se forment à distance pour agir sur des bases cohérentes, tant du point de vue commercial que des règles de gestion ou des prestations après-vente.

En cas de grand éloignement, les avantages des équipes virtuelles résultent directement des nouvelles possibilités d'échanges sans lesquelles les équipes internationales ne pourraient pas exister :

– Appel rapide à des compétences rares, disséminées hors du périmètre formel de l'entreprise, pour répondre au besoin particulier d'une activité ou d'un projet.

– Renforcement des capacités d'innovation par la conjugaison d'expertises et le développement des synergies liées à la finesse des échanges déployés au moyen des outils de travail collaboratif.

– Optimisation des processus de gestion assurés de façon régulière en établissant des relations de travail plus cohérentes au-delà du simple transfert de données à distance.

– Capitalisation des expériences acquises et des produits réalisés, grâce aux possibilités de mémorisation et de partage dans les espaces de travail électroniques.

– Allégement des contraintes individuelles, avec moins d'assujettissements aux déplacements, aux pertes de temps et au manque d'informations qui altèrent habituellement les conditions de travail.

Petites distances et grands enjeux

Environ 200 grands groupes génèrent la plupart des flux économiques entre les trois zones dominantes, les États-Unis, l'Europe et l'Asie. On sait pourtant que la majorité des flux constatés au plan mondial ne se produit pas entre ces trois zones mais au sein de chacune d'elles. En France, les trois quarts des flux en exportation s'effectuent dans le cadre des échanges européens. Nombre d'entreprises qui ont établi leur siège en Europe ne développent aucune transaction vers d'autres continents, même si le comportement des grandes entreprises mondialisées pèse sur leur environnement concurrentiel : la globalisation produit ses effets à échelle « locale », la dimension locale devant alors être redéfinie.

En référence à l'échelle globale, le « local » recouvre des territoires qui présentent une proximité géographique, des similitudes et des liens culturels malgré les différences de langue et de droit. Le local ne prend donc pas forcément en compte les frontières entre les états. Les nouvelles régions peuvent découper des territoires nationaux, à l'exemple de l'arc économique qui relie le nord de l'Espagne et de l'Italie au sud de la France, impliquant d'autres pays méditerranéens. Sur ces nouvelles aires régionales, ce qui prime, ce sont les voies de transport, les modes de vie et les choix de consommation. Apparentées pour des raisons historiques, démographiques ou culturelles, ces zones offrent un terrain favorable aux échanges économiques. Définies localement, elles constituent plus que jamais un niveau pertinent pour déployer des stratégies d'expansion sur une région du monde plutôt que dans les limites circonscrites par les frontières nationales.

Cependant, bien que le mouvement actuel donne un poids nouveau à ces émergences régionales, il ne doit pas masquer la persistance de logiques territoriales plus anciennes. Le secteur public constitue en France un bon exemple de cette hybridation entre anciennes et nouvelles configurations : l'administration des services publics s'applique toujours à l'exacte mesure du territoire national ; parallèlement, l'action publique s'inscrit dans le cadre des nouveaux processus de construction européenne qui engagent communément d'autres acteurs sur des territoires plus larges. C'est donc à la fois aux plans global et local, international et national, que le contexte de la mondialisation est un des moteurs du travail à distance. Grandes entreprises ou TPE, aucune organisation ne peut ignorer l'importance de la pression concurrentielle que les entreprises globalisées font peser sur les segments de marché régionaux. Mais en retour, le travail à distance n'est pas un attribut exclusif des grandes entités globalisées. Les situations qu'il recouvre présentent un caractère général, quelle que soit la mesure du territoire considéré. Toutes les organisations – quel que soit leur effectif ou leur secteur d'activité – sont touchées par des logiques d'expansion, de concurrence et de partenariat sur leurs aires géographiques et leurs segments de marché.

En ce sens, les équipes virtuelles apportent aux entreprises locales les mêmes avantages qui profitent aux grandes organisations planétaires, avec des armes de même niveau pour soutenir les échanges, la réactivité et l'innovation. Mais, paradoxalement, les outils de travail à grande distance favorisent plus nettement les entreprises qui peuvent bénéficier d'une certaine proximité. Le degré d'éloignement n'est pas un facteur neutre dans une équipe virtuelle car le travail d'équipe est optimisé lorsque les participants se rencontrent de temps à autre. En effet, à très grande distance, les coûts liés aux temps de déplacement et aux transports sont tels qu'ils sont radicalement évités. À l'échelle locale, les distances se couvrent en avion, en voiture ou en TGV et se chiffrent encore en demi-journées de déplacement. Les moyens de transport et les médias classiques étant plus lents et plus coûteux que les médias électroniques, le rythme des communications et du travail commun est forcément discontinu et irrégulier. Mais à distance moyenne, les membres d'une équipe peuvent néanmoins se rencontrer. Dans ce contexte, quel est l'intérêt des nouvelles équipes virtuelles « locales » ?

Ces équipes, dites « mixtes » parce qu'elles présentent à la fois des caractéristiques de proximité et d'éloignement, bénéficient d'effets cumulés. Avec les outils de réseau et l'exploitation d'espaces de travail électroniques, elles peuvent augmenter la densité et la régularité du travail en groupe et à distance tout en conservant les avantages du face à face.

• **Développement des avantages liés aux interactions en mode virtuel :** Les échanges virtuels sont développés pour diminuer les coûts et les pertes de temps et d'énergie dus à certains déplacements : partage de l'information en temps réel, travaux et documents produits à distance, réflexions engagées et capitalisées à long terme, suivi coordonné et permanent de l'avancée des travaux...

• **Maintien des avantages liés aux interactions face à face :** les rencontres traditionnelles sont conservées lorsque les travaux à effectuer sont optimisés par les qualités de l'échange oral (lancement du travail d'équipe, revues de projet aux points d'étapes sensibles, éventuellement traitement d'un problème aigu ou résolution d'un conflit...).

Les équipes mixtes sont ainsi dans la meilleure position pour renforcer leur efficience. Sans outils d'échanges électroniques, ces équipes sont souvent assez solidaires, mais elles demeurent distendues et ne sont donc pas pleinement efficaces. Leur performance croît quand elles tirent parti d'un environnement de travail virtuel pour développer une cohésion interne et améliorer la coordination du travail, en gérant mieux les temps individuel et collectif.

Précautions pour initier le travail à distance

Au niveau du management d'entreprise, les opportunités du travail à distance sont nécessairement envisagées dans le cadre des nouvelles stratégies et des résultats à produire en termes économiques. Cependant, pour produire des effets réels, les impacts doivent être mesurés à l'aune des individus et des groupes.

Au sein des organisations qui se déploient à grande échelle territoriale, le phénomène concerne des milliers de personnes mobiles, expatriées ou recrutées sur place dans les pays visés par une stratégie d'expansion territoriale et de croissance des marchés. Mais ce sont bien des hommes, et non des effectifs abstraits, qui sont impliqués dans les équipes virtuelles. Au plan collectif, les formes de gestion et les contextes de production définis au sein des agrégats mondiaux ont modifié les donnes traditionnelles du salariat, en allégeant les seuils de contrainte des entreprises qui tirent parti des meilleures flexibilités de l'emploi. En retour, les salariés sont moins fidèles et posent de nouveaux problèmes au management pour la gestion des compétences durables. Au plan individuel, de nouvelles conditions président à l'organisation du travail générant pour les collaborateurs de nouveaux risques et de nouveaux atouts. Ainsi une pression majeure sur les résultats est exercée avec des charges de travail accrues, une obligation de mise à jour perpétuelle des connaissances. Une plus grande instabilité des emplois se conjugue avec une protection sociale plus faible et un bouleversement des équilibres entre vie professionnelle et vie privée. Parallèlement, la progression du niveau de revenus personnels et du déroulement de carrière est plus ouverte. L'intérêt au travail est accru, lié à un enrichissement continu des compétences, une plus forte autonomie du parcours professionnel et un développement personnel plus riche.

Avantages ou inconvénients ? Un environnement plus exigeant et plus compétitif, qui suppose plus d'incertitudes, offre aussi plus d'opportunités personnelles et de chances de gains. Il comporte aussi un risque plus fort de tensions, voire de souffrances psychologiques pour les individus. Dans le cadre des projets d'équipe, la mobilité des professionnels peut rendre les groupes instables. Les réactions négatives face au stress font aussi courir des risques particuliers aux équipes travaillant à grande distance. Dans ce type de situation, certains participants ne s'engagent pas ou bien ne s'intègrent pas à la dynamique commune. Parce qu'ils vivent des rapports plus opportunistes entre l'entreprise et ses collaborateurs, et qu'ils échappent à l'emprise des relations de proximité, ils cessent plus facilement de participer aux travaux communs. Les arguments invoqués pour expliquer ces échecs mettent souvent en cause le fonctionnement des outils électroniques, jugé trop compliqué, ou bien celui du dispositif de réseau estimé trop lent ou mal adapté.

Faire état d'obstacles techniques est une réaction caractéristique des équipes ou des organisations confrontées aux implications du changement. De telles réactions de rejet conduisent généralement à rechercher des parades techniques face à des objections apparemment rationnelles. Tous les efforts se focalisent alors sur le choix du meilleur outil ou de la meilleure technologie. Or, les observations mettent en évidence deux faits qui, s'ils méritent encore des études systématiques, continuent de se vérifier avec constance dans la pratique : la mauvaise qualité des outils est assurément un facteur de frein mais... la bonne qualité des outils n'est jamais un facteur majeur de succès.

Effectivement, la faiblesse du débit sur un réseau et les pannes répétitives entravent l'efficacité des équipes virtuelles. Leur impact sur la qualité de fonctionnement a également des incidences sur la dynamique de l'équipe : lenteurs et pannes radicalisent les blocages des individus qui n'adhèrent pas au projet, ce qui provoque l'insatisfaction des autres participants en ralentissant le travail de tous. Cependant, le fonctionnement régulier du réseau et l'ergonomie des outils ne sont pas un gage certain de mobilisation. Bien avant la diffusion généralisée des intranets d'entreprise, avec l'outillage encore rustique des premiers produits de groupware et de faibles débits sur les réseaux, des équipes pionnières ont atteint des résultats prometteurs[1]. Mais même avec des connexions à haut débit et des outils de dernière génération faciles d'emploi et ergonomiques, les individus réticents continuent à s'abstenir de toute participation. Ce qui donne sens et pousse l'équipe au travail ainsi qu'à la performance ne tient pas, pour l'essentiel, aux qualités techniques ou fonctionnelles proposées par l'un ou l'autre des produits de groupware concurremment offerts sur le marché. Non que le bon fonctionnement technique soit négligeable mais, s'il est indispensable, il n'est pas suffisant. Parer aux risques d'échec des équipes virtuelles suppose un double axe d'intervention :

– limiter les facteurs de frein liés aux techniques : assurer la qualité de l'outillage et du dispositif en réseau pour garantir l'efficacité du fonctionnement et *éviter* les insatisfactions et les blocages qui font baisser les performances ;

– développer les facteurs de succès : porter surtout attention aux hommes et à la valeur du projet qui leur est confié pour *favoriser* la mobilisation des individus et *stimuler* l'activité de l'équipe en direction de son objectif.

L'importance de la mobilisation humaine explique l'évolution des rôles managériaux dans toutes les formes d'équipes virtuelles : le maintien et le développement de l'investissement professionnel au sein des équipes sont des préoccupations majeures. Cette priorité donnée aux hommes et à leurs activités est d'autant plus cruciale qu'il s'agit de travail à grande distance : les participants ne sont pas physiquement en présence et connaissent les avantages mais aussi les tensions et les risques des nouvelles formes d'emploi dans une économie mondialisée.

---

1. Voir par exemple l'expérience du groupe de travail BT7, menée en 1998 par le SETRA, Ministère de l'Équipement avec les outils de groupware BSCW. Source Web : http://www.setra.equipement.gouv.fr/groupes/bt7.shtml

Le management de la diversité

Avec le développement des équipes virtuelles, l'éloignement géographique pèse moins sur les organisations mais le travail à distance n'abolit pas l'importance des particularismes territoriaux. Toutes les études montrent que le développement de l'Internet et des réseaux n'affaiblit pas l'expansion urbaine et ne réduit pas (pas encore ?) les écarts entre les pays industrialisés et les pays tiers. A contrario, l'Internet pourrait même amplifier l'expansion des zones déjà urbanisées et, par hypothèse, renforcer le développement des pays à la pointe du développement économique.

En l'état, la géographie du « e-business » ne semble pas avoir modifié l'enracinement géographique des phénomènes économiques et politiques. La plupart des entreprises restent bien affermies dans leur pays d'origine, y compris les entreprises globalisées qui y conservent leur centre de décision névralgique. Les frontières géopolitiques continuent d'exister, avec des états constitués et des réglementations différenciant chaque nation ainsi que des contraintes et des avantages pour les entreprises qui y conservent leur siège ou choisissent d'aller s'implanter « ailleurs ». Selon l'heureuse formule de deux géographes, Edward Malecki et Sean Gorman, avec l'Internet *« les distances sont peut-être abolies mais pas la géographie »*[1]. Les communautés économiques et donc les populations sont toujours physiquement attachées à leur territoire, avec toute la diversité des identités sociales et culturelles qui jouent fortement sur les relations au sein des équipes virtuelles.

Les problématiques culturelles ont été très largement explorées, tant dans le champ des sciences humaines que dans ceux plus spécifiques du management[2]. À ce jour, la focalisation sur les multicultures s'explique par une prise de conscience des incompréhensions liées aux cultures des personnes en présence et de leurs effets dommageables en matière d'organisation du travail. Cette problématique se pose avec acuité dans le cas des équipes internationales.

---

1. MALECKI E. J., GORMAN S., « *Maybe the Death of Distance, But Not the End of Geography : The Internet as a Network* » in « Worlds of Electronic Commerce : Economic, Geographical and Social Dimensions », New York, Wiley, 2001.
2. Voir par exemple les ouvrages de Geert HOSTEDE, *Vivre dans un monde multiculturel*, Éditions d'Organisation, Paris, 1994, et de Font TROMPENARS, *L'entreprise multiculturelle*, Maxima, Paris, 1994.

Premier trait manifeste de la diversité des cultures, la différence de langue. Curieusement, les comptes rendus d'expérience des premières équipes virtuelles montrent que cela n'a pas été souvent pris en compte, sans doute en raison de l'origine nord-américaine de cette nouvelle forme d'organisation : du point de vue anglo-saxon, la langue anglaise est un standard de communication. Bon gré mal gré, ce constat incite tous les pays et toutes les entreprises à promouvoir la maîtrise de l'anglais. Toutefois, avec l'expansion des échanges en réseau, les tendances actuelles montrent une plus grande diversité des langues utilisées sur l'Internet. D'un côté, il reste nécessaire de choisir une langue d'échange commune au sein d'un groupe international ; de l'autre, ce choix fait parfois l'objet de revendications nationales, affirmation plus ou moins explicite des jeux de pouvoir entre les partenaires.

Au-delà des obstacles et des malentendus pouvant résulter de l'emploi d'une langue étrangère, le respect des différences culturelles ne se pose pas en termes anecdotiques ni même idéologiques. Les cultures modèlent également la façon de percevoir une situation et de se comporter dans la vie de tous les jours. Ces différences posent des problèmes très pratiques d'ajustement du style de management lorsque le responsable, forcément porteur d'une culture, doit mobiliser les membres d'une équipe internationale. Les démonstrations les plus flagrantes sont issues de situations de travail qui mettent en présence des cultures éloignées. Les Américains et les Japonais sont emblématiques, par exemple, des cultures occidentales et asiatiques. Aux États-Unis, lorsqu'un manager attribue une gratification personnelle, celle-ci est favorablement reçue par le collaborateur américain qui privilégie les valeurs de l'individualisme. Pour un Japonais, cette reconnaissance de la valeur personnelle pourra constituer une incorrection, voire susciter un sentiment de honte : l'impact sera négatif si l'individualisation contrarie le sens collectif qui semble propre aux cultures asiatiques et le résultat, en termes de management d'équipe, pourra s'avérer désastreux. L'attention aux hommes, indispensable lorsqu'on travaille en équipe virtuelle, suppose entre autres une connaissance et une reconnaissance des cultures en présence et une adaptation des styles de management.

Marier les différences humaines

Autres facteurs de différenciation, les cultures d'entreprise hétérogènes qui sont également considérées comme des sources de malentendus et d'échec des équipes virtuelles, comparables aux difficultés d'agrégation éprouvées lors des fusions d'entreprises. Dans un partenariat entre deux sociétés, chacune possède des modèles d'organisation mais aussi des valeurs propres, explicites ou implicites, qui peuvent se heurter. Ces comportements et ces styles doivent être compris de part et d'autre avant d'évoluer vers de nouvelles connivences et de nouvelles normes de travail en commun.

Toutefois, même lorsque la culture nationale et la culture d'entreprise sont homogènes, il faut rappeler que les équipes sont toujours caractérisées par une grande diversité, ce qui traduit d'ailleurs une volonté délibérée. En effet, en raison de la spécialisation des sciences et des techniques et de la complexité des produits et services, la conjugaison de multiples savoir-faire est une condition préalable à la constitution d'une équipe. Or, les différentes identités professionnelles peuvent engendrer des différences d'attitude et de conception des processus. Un spécialiste de l'environnement et un ingénieur des travaux publics n'envisagent pas de la même façon le tracé d'une autoroute. Par rapport aux autres corps de métiers, les informaticiens présenteront des spécificités de compréhension et de comportement devant les médias électroniques. Les données et les informations partagées s'enregistrent docilement sur les réseaux mais la compétence d'une équipe émerge de la pluralité des individus et passe par leurs turbulences. Tout le spectre des différences individuelles génère une hétérogénéité au sein des équipes : le sexe, l'âge, l'histoire personnelle, les attitudes psychologiques, la volonté et le niveau d'engagement des acteurs varient forcément d'une personne à l'autre.

Pour coordonner le travail des équipes virtuelles, la question centrale n'est pas de stigmatiser le poids des facteurs culturels tant la notion de comportement humain est complexe. Certaines équipes, culturellement hétérogènes, connaissent d'éclatantes réussites. L'enchevêtrement des facteurs collectifs et individuels conduit d'autres groupes, culturellement homogènes, à s'enferrer dans des malentendus ou des échecs retentissants. Une mission claire et des objectifs motivants aux plans individuel et collectif jouent un rôle plus clairement déterminant que l'homogénéité des mœurs. Par contre, une très forte différenciation des cultures au sein de l'équipe mérite une attention soutenue, essentiellement en vue de favoriser l'établissement d'un terrain de compréhension et de travail commun, élément crucial de cohésion et de cohérence, tout en évitant les obstacles ou les freins générés par d'éventuels malentendus.

De façon générale, les équipes virtuelles sont diversifiées et ont besoin de combler leurs écarts de compréhension. Toutefois, il convient de prévoir plus de temps pour les équipes multiculturelles afin que les participants puissent se connaître, se comprendre et établir des conventions de comportement communément acceptées. Au démarrage de ces équipes, l'essentiel ne tient pas seulement à la conception des tâches et des objectifs ou à la planification des travaux : il s'agit également de faire converger les idées afin de soutenir la cohérence des comportements et de l'action. Le rôle de l'animateur et l'implication des membres de l'équipe dans la dynamique des échanges seront déterminants pour construire les cohésions nécessaires. Les mondes virtuels ne créent pas de bonnes communications par miracle : comme dans les échanges traditionnels, c'est le dialogue qui permet de dépasser les obstacles dus aux différences entre les personnes en présence.

Profiler une équipe à distance : des ajustements culturels

Traits culturels de l'équipe

		1	2	3
Culture nationale, langue	A	Les participants pratiquent tous la même langue maternelle.	Plusieurs nationalités mais bon niveau de pratique dans la langue d'échange.	Plusieurs nationalités, pratique hétérogène de la langue d'échange.
Culture professionnelle, métiers	B	Les participants sont issus de corps de métier apparentés et les savoirs de référence sont stables et standardisés.	Interdisciplinarité ou métiers très différents au sein de l'équipe mais les savoirs de référence sont stables.	Interdisciplinarité ou métiers très différents ; domaines de connaissances controversés ou nouveaux.
Culture d'entreprise	C	Le manager et les participants appartiennent à une même organisation et les marges d'autorité et d'autonomie sont connues.	Le manager et les participants provenant d'entreprises différentes, les styles de management sont probablement différents.	Des cultures nationales et d'entreprise très démarquées provoquent un choc entre les styles d'autorité et les formes d'autonomie.
Culture technique	D	Toute l'équipe aborde les techniques informatiques et l'Internet avec aisance.	Les participants découvrent les outils de communication électronique.	Certains participants sont très réticents, voire hostiles, à l'emploi d'outils électroniques.

Configurations typiques observables au démarrage d'une équipe virtuelle. Le repérage du profil de l'équipe permet d'emblée de prendre les mesures correctives passant nécessairement par l'instauration d'un dialogue centré à la fois sur la tâche (objectifs, processus, activités engageant l'équipe) et sur les relations (éclaircissements sur les modes d'interprétation des comportements).

Quelques configurations typiques

A1, B1, C1, D1 : de forts atouts fondés sur un référentiel partagé mais ancré sur la routine : la baisse de performance guette. Il vaudrait mieux stimuler le groupe par un projet ou des activités nouvelles.

A1, B1, C1, D2 ou A2, B2, C2, D2 ou A1, B3, C2, D1 : configurations à fort potentiel. Des trainings de groupe face à face et sur support virtuel sont très indiqués pour clarifier les facteurs de différenciation culturelle et bâtir un référentiel commun.

A3, B3, C3, D2 : nombreux facteurs d'incompréhension mutuelle, approche délicate au départ. Il est impératif de démarrer les travaux avec une réunion face à face pour clarifier les relations et susciter l'engagement.

D3 : Les « technophobes » sont précieux car ils sont d'excellents révélateurs des problèmes posés par la technique. Un risque : dans leur sillage, l'équipe se cristallise sur les aspects techniques et déplace sur ce pôle des problèmes ou des conflits d'une autre nature.

Chapitre 5

ÉQUIPES EN TEMPS DISSOCIÉS : OÙ ET QUAND SE RENCONTRER ?

Au niveau du management, les impacts des équipes virtuelles mettent toujours en évidence des gains de temps, qui compensent la distance et sont aussi liés à l'amélioration des relations et des échanges. Les avantages ordinairement identifiés sont doubles :

• Réactivité

Les gains de vitesse sur les réseaux apportent une rapidité d'information favorisant l'action immédiate.

• Délais

La rapidité des échanges en réseau diminue les temps de transactions et la durée globale du processus de travail.

Sur un réseau numérique, les vitesses d'acheminement se mesurent en minutes et en secondes, alors que celles du courrier traditionnel se décomptent en heures et le plus souvent en jours. Le transport des informations sur réseau a donc un effet mécanique sur la rapidité de diffusion de l'information. De surcroît, l'extrême rapidité des flux électroniques rend possible les allers et retours d'information à une vitesse telle qu'elle simule l'échange en temps réel. Ces échanges qui s'enchaînent de secondes en secondes sont produits en mode dit « synchrone ». Lorsqu'ils ont lieu en temps différé, ils sont dits en mode « asynchrone ».

> – Échanges synchrones : *via* une messagerie instantanée, les interlocuteurs communiquent de façon immédiate alors qu'ils sont éloignés les uns des autres. La rencontre virtuelle en

temps réel est indépendante de la situation géographique des interlocuteurs. C'est une situation déjà connue avec le téléphone, mode oral d'échange synchrone, alors que dans un environnement de travail électronique cet échange se déroule le plus souvent à l'écran, et donc à l'écrit.

- Échanges asynchrones : les interlocuteurs participent à une suite d'échanges qui peuvent s'enchaîner pendant plusieurs jours ou plusieurs mois. Chacun apporte sa contribution personnelle ou retire l'information qui l'intéresse au moment de son choix. Situation typique du travail à grande distance avec des décalages temporels dus aux fuseaux horaires, elle est aussi extrêmement fréquente dans les équipes de proximité en raison des divergences d'horaires et d'emploi du temps.

Le travail collaboratif est très souvent asynchrone car, au sein des équipes, la plupart des participants ont du mal à se libérer pour travailler ensemble au même moment. L'exemple d'une bibliothèque de travail virtuelle permet d'en cerner les effets sur la coopération et la coordination. Ainsi un participant apporte à l'équipe une ressource documentaire qui lui paraît pertinente. Elle pourra n'être exploitée qu'un mois plus tard par un autre membre de l'équipe parce que son besoin personnel ne se sera pas manifesté auparavant. Le travail asynchrone permet à chacun de mettre des ressources à la disposition de tous, en temps continu, sans préjuger du moment où elles seront utilisées.

Gérer les temps individuel et collectif

Dans une perspective de coordination plus serrée, différents outils électroniques pourront servir de façon asynchrone, par exemple pour produire un document commun. Via l'emploi d'une bibliothèque des documents conçus par chacun, d'un calendrier de groupe et d'un gestionnaire des tâches partagées, toute l'équipe contrôle globalement l'ordonnancement des activités, les délais de réalisation et l'échéance du travail réparti entre les acteurs. Dans ce cas, le travail asynchrone suppose :

- un processus et une période de travail déterminés en commun (le document devra être réalisé en quatre étapes, par exemple, et sur un mois) ;

- un rythme adapté de contribution personnelle (le rythme de chacun dépend de son organisation personnelle, les uns pouvant préférer travailler au projet commun une heure par jour et d'autres privilégier une activité groupée par demi-journées. L'articulation collective s'effectue alors en respectant les étapes et l'échéance globale du processus partagé).

Un tel processus d'équipe peut être mené en mode totalement asynchrone. La pratique montre souvent l'exploitation concomitante du mode synchrone – y compris, si nécessaire, par téléphone ou rencontre face à face – en général pour réagir de façon rapide et concertée face à un problème ou à un événement impromptu. Sur un réseau, le travail en temps synchrone ou asynchrone permet ainsi de dégager des avantages d'ordre individuel (chacun gagne en autonomie dans la gestion de son temps, avec un bénéfice de confort et d'efficacité) et collectif (les travaux individuels sont d'emblée envisagés dans un cadre temporel partagé, suivant un processus déterminé et contrôlé collectivement). Parallèlement, l'importante réduction des temps et des coûts de déplacement concourt à l'économie générale de l'organisation.

Les avantages du travail en temps synchrone ou asynchrone dominent le discours technique mais, dans les entreprises, d'autres logiques s'imposent à la gestion du temps collectif. Dans l'univers du management, délais, échéances et urgence sont les maîtres mots qui commandent la logique temporelle. La problématique de gestion du temps est d'abord celle du temps de production nécessaire à l'obtention d'un résultat dans un délai fixé. Cette problématique inclut notamment la régulation selon les normes définies par le droit du travail : congés, respect des horaires journaliers, des limites du temps de travail à la semaine, au mois ou à l'année. À l'échelle des individus et des groupes, temps de travail, temps personnel et priorités se superposent – les temps de déplacement ne simplifiant pas le problème – une personne étant couramment impliquée dans plusieurs activités, groupes et projets. En France, le passage aux 35 heures pose avec acuité le problème de la jointure opérationnelle entre ceux qui ont terminé leur activité et ceux qui prennent le relais, alors que les processus de travail se traitent en continu.

Au plan collectif, les problèmes de gestion du temps jouent d'autant plus fortement dans le cadre de certaines contraintes sectorielles. Les équipes 2 × 8 ou 3 × 8 sont caractéristiques de certaines industries. Certains projets conduisent à assurer une activité continue par équipes tournantes. Les équipes de production dites « around the clock » sont déployées d'un bout à l'autre de la planète 24 heures sur 24, afin d'assurer collectivement un maximum de productivité dans un délai calculé au plus juste. Dans tous les cas, l'organisation du travail s'opère sous une double contrainte : celle du décalage des temps de travail individuels ajoutée à l'articulation des temps de travail morcelés dans le cadre d'un fonctionnement collectif.

Optimiser les activités quotidiennes

Dans ce contexte, vouloir travailler en équipe conduit toujours à la même question : où et quand se rencontrer ? Les équipes virtuelles apportent de nouvelles réponses avec les espaces virtuels et les réunions de travail asynchrones. Selon l'expression nouvelle, les uns « prennent leurs jours RTT » pendant que d'autres travaillent, mais le travail est expliqué et relayé en continu dans un même espace cohérent de communication et d'information. Sur ce point, les équipes mixtes qui connaissent des échanges de proximité expriment très souvent des inquiétudes liées à la virtualité : va-t-on perdre le contact humain, la convivialité, la possibilité d'échanges face à face ? D'autres interrogations s'attachent aux situations d'écriture, aux travaux de réflexion individuelle : va-t-on devoir abandonner le confort du stylo et de la lecture sur un support papier ?

Lorsqu'on craint de le perdre, le contact humain paraît aimable, idéal et toujours réussi. De même, la dématérialisation des supports de l'écrit est souvent ressentie comme une perte. Cependant, si l'on examine les modes d'emploi des documents professionnels ou le temps passé en réunions et leur efficacité, le papier et l'oral ne présentent plus seulement des avantages : le poids des contraintes temporelles apparaît de façon évidente. Lorsque les organisations abordent pour la première fois le travail en réseau, ces dimensions pragmatiques ressortent clairement[1]. Les opinions relevées dans les groupes de travail témoignent de pertes de temps et d'efficacité sur tous les points suivants :

- Organisation des réunions, trop souvent une suite longue et répétitive d'appels téléphoniques et d'ajustements pour mettre au point un rendez-vous commun.

- Déroulement des réunions, une critique qualitative qui porte en général sur les modes d'animation et de participation, beaucoup de discussions étant jugées inefficaces et improductives. Leur multiplication – les réunions occupent 70 % du temps de

---

1. Analyse de 15 expériences en équipes virtuelles, source interne MAIN CONSULTANTS, 1998 – 2001.

travail des cadres – est considérée comme un facteur qui dévore le temps et augmente le stress.

– Gestion de la documentation courante sur papier et fichiers électroniques. Ici l'impression de perdre des informations est un phénomène collectif (« où est donc passée cette note juridique diffusée il y a trois mois et dont tout le monde a oublié la référence ? ») dû à la quantité de documents accumulés et aux difficultés de classement, y compris lorsque les choix de gestion des documents électroniques ne font que transposer le problème sur le mode informatique. Cette impression est aussi très largement liée aux méthodes de travail personnelles. Certains pratiquent l'empilement confus, d'autres la technique des tas ordonnés, d'autres encore classent scrupuleusement, mais beaucoup sont régulièrement submergés.

– Gestion des circuits administratifs. En général les problèmes de procédures, de personnes et de papiers se conjuguent pour accroître les délais administratifs. L'exemple le plus simple : le temps qui s'écoule entre le moment où l'on dépose une note de frais et le moment où l'on reçoit le règlement attendu.

– Rédaction, révision et validation des documents élaborés en commun. Simples comptes rendus ou documents complexes, les versions imprimées et les photocopies se multiplient et plus personne ne sait quelle est la version en cours ni où elle se trouve.

– Utilisation des travaux déjà effectués. Les groupes évoquent le travail effectué par les uns et ignoré par les autres. Dans l'ensemble, on perd trop de temps à refaire ce qui a déjà été fait, ce qui pose le problème du partage, de la capitalisation et de la réutilisation collective.

Face à ces difficultés aisément identifiables, les environnements de travail électronique visent à mieux rassembler ce qui est dispersé par la division des temps de travail, à partager sur un même support électronique ce qui était dispersé (paroles ou écrits) et à mieux gérer le temps indépendamment de l'éloignement. À titre d'exemples :

– les nouveaux outils de recherche et la structure en hypertexte des documents accessibles en réseau permettent d'alléger et de concevoir autrement le classement ;

– les bibliothèques partagées et les outils de gestion des versions déterminent des gains de temps radicaux lors de la rédaction et de la révision de documents communs ;

- les workflow épousent les processus simples ou complexes et optimisent les flux des activités et des documents associés ;
- les réunions virtuelles permettent d'affiner idées ou arguments, y compris pour préparer et améliorer l'efficacité des rencontres face à face.

Dans toutes ces situations qui montrent de nouvelles voies pour l'optimisation des activités quotidiennes, l'outillage électronique n'apporte pas toutes les réponses à lui seul. Les échanges conflictuels ne vont pas devenir plus aimables sous l'effet d'un environnement virtuel. Une réunion électronique, tout comme une réunion face à face, doit être structurée et animée pour être efficace. De même pour les documents : lorsqu'on classe les fichiers électroniques avec les méthodes en usage pour les documents sur papier, on obtient les mêmes effets de confusion. Le gain de temps lié aux outils électroniques suppose de nouvelles méthodes d'organisation individuelle et collective, l'utilisation appropriée des outils spécifiques et, en amont de ces nouvelles connaissances opératoires, l'évolution des relations professionnelles et de l'organisation du travail.

Chapitre 6

QUAND LES ORGANISATIONS DEVIENNENT FLEXIBLES

L'une des visions les plus tenaces sur l'organisation consiste à appréhender les entreprises comme des entités bien circonscrites, nettement délimitées par leur périmètre statutaire et juridique. En interne, les domaines d'activité semblent bien cernés dans les divisions fonctionnelles. Des dispositions réglementaires définissent les cadres d'emploi et d'appartenance de chaque collaborateur : dans chaque cercle institué, les délimitations internes et la frontière générale de l'organisation indiquent qui est « dans » le groupe et qui est « hors » du groupe ou de l'entreprise. Cette représentation demeure la plus courante bien que totalement dépassée par les faits. Au plan pragmatique, la plupart des entreprises, aussi centralisées soient-elles, ont établi depuis longtemps des coordinations transversales – généralement guidées par des lignes hiérarchiques – sans toucher aux frontières verticales qui font obstacle au travail.

Cette contradiction permanente entre les fluidités transversales et les barrières verticales est particulièrement aiguë avec les équipes virtuelles. La virtualité du fonctionnement électronique pose le problème de façon très concrète car, sur la base des infrastructures intranet-Internet, ces « transversalités » sont formellement inscrites dans un système technique. Les informations, les outils, les applications et les personnes qui travaillent ensemble doivent être clairement nommés et reliés dans une même zone d'accès. L'identité des participants et la source des documents seront alors visibles par toute personne autorisée : lorsqu'un espace partagé est utilisé de façon collaborative, tout est clair pour les intervenants qui peuvent se contacter directement, accéder aux informations et en tirer parti.

Toutefois, ces « transversalités » sont trop souvent comprises comme des ouvertures totales et incontrôlées, donc comme des risques en matière de partage des informations et du pouvoir. Or, les dispositifs collaboratifs permettent de réguler les accès à la façon d'un filtre perméable qui laisse passer certains éléments tout en en bloquant d'autres.

• **Ouvertures**

Techniquement, le partage des documents dans un espace partagé est aussi simple que l'enregistrement d'un fichier sur le disque d'un ordinateur personnel. Le regroupement des participants dans un même espace virtuel est tout aussi facile à mettre en place. L'inscription suppose tout simplement l'enregistrement rapide de paramètres identifiants : nom, prénom, mot de passe et adresse e-mail.

• **Fermetures**

Parallèlement, tous les dispositifs de travail collaboratif comportent des filtres permettant d'écarter les personnes jugées inopportunes, *via* un système qui spécifie les droits d'accès en fonction du travail à effectuer et des personnes en présence. Les sources informatives peuvent aussi faire l'objet d'un filtrage : un même document peut être visualisé et modifié par certains, simplement consulté par d'autres et rester totalement invisible à certains membres d'une équipe.

Tout espace de travail électronique dispose d'un système d'ajustement des entrées-sorties en hommes et en informations. C'est ce potentiel technique qui est exploité au plan de l'organisation : les équipes virtuelles se donnent des limites qui s'inscrivent dans le système technique, en fonction de leur périmètre d'action dans une ou plusieurs organisations. Elles ont par ailleurs des frontières perméables car le travail à effectuer ne se limite jamais au cercle étroit d'une seule division de l'entreprise. Les clivages entre l'intérieur et l'extérieur sont aussi aisément outrepassés, afin de maintenir les chaînes cohérentes qui incluent des échanges et des activités avec des fournisseurs, des partenaires et des clients.

Des environnements virtuels élastiques

On dit généralement que le travail en réseau met l'accent sur les communications individuelles et sur les liens entre les unités d'organisations initialement très cloisonnées. Mais il met aussi en évidence le fait que les frontières des organisations deviennent plus flexibles. Les limites sont en fait élastiques : si elles peuvent s'étendre au-delà des limites statutaires ou juridiques, elles peuvent aussi reprendre rapidement leur forme initiale ou adopter une nouvelle configuration.

Les propriétés des environnements virtuels permettent d'épouser l'élasticité des organisations. Sans longueur ni largeur et sans installations en dur, un espace virtuel peut être transformé très rapidement : pour rallier un spécialiste indépendant qui habite Biarritz à l'équipe qui travaille à Paris, le geste technique consistant à l'inclure dans l'espace de travail électronique ne prend que quelques minutes. Organiser un espace de travail électronique complet afin de travailler avec un partenaire éloigné demande plus de temps, quelques heures au plan technique, quelques jours si l'on veut étudier l'organisation avec le maximum de rigueur... mais si le partenaire s'avère indélicat, il est possible de fermer l'espace initialement partagé, et ceci en quelques secondes.

La flexibilité d'organisation des équipes virtuelles est liée à trois caractéristiques :

- la rapidité d'action en ouverture et en fermeture des accès. L'espace de travail virtuel peut être ouvert de façon pérenne ou maintenu à titre temporaire, le temps d'une activité ou d'un projet par exemple ;

- la portée de l'action à distance. Les zones partagées peuvent être administrées à partir d'un seul serveur, alors que les participants sont dispersés dans toute l'Europe ;

- la réversibilité des actions. Si nécessaire, toute information enregistrée peut être supprimée et tout individu, groupe, ressource ou outil intégré dans les espaces virtuels peut en être écarté.

Plus vite et plus loin, longtemps si besoin est, mais pas plus longtemps que nécessaire : sur la base des infrastructures intranet-Internet, les équipes virtuelles sont composées et recomposées librement au-delà des périmètres juridiques, statutaires et géographiques qui limitent une organisation. Cette flexibilité dans la composition des groupes de travail permet notamment de les redéfinir en fonction des buts à atteindre, des ressources et des personnes requises, des actions à mettre en œuvre, des circonstances et des opportunités à saisir. De ce fait, les équipes virtuelles constituent un mode d'organisation apte à épouser très étroitement l'évolution des projets et, à grande échelle, celle des stratégies d'entreprise. C'est grâce à cette nouvelle flexibilité que les organisations virtuelles ont émergé. Alors que les équipes virtuelles se concentrent sur les individus ou les groupes humains, les organisations virtuelles s'attachent à articuler les équipes et les processus dans une vision globale nécessaire à la stratégie comme au pilotage des entreprises. Inversement, ce point de vue global joue un rôle essentiel pour les équipes virtuelles, car elles ne sont pas indépendantes des objectifs et des stratégies qui définissent les orientations d'entreprise et conditionnent leur fonctionnement opérationnel.

Qu'on les dise « étendues », « élargies », « en réseau », à ce jour, la définition des organisations virtuelles n'est pas arrêtée. En France, c'est Denis Ettighoffer[1] qui a été le promoteur de la notion d'organisation virtuelle énoncée la même année (1992) sous le terme de « virtual corporation » par Malone et Davidow[2] puis lancée sur la scène médiatique par deux articles de « Business Week » aux États-Unis[3]. Depuis, les définitions abondent. Les unes sont plutôt centrées sur les dimensions sociales et les communautés virtuelles qui alimentent les réseaux professionnels et mettent en évidence de nouvelles possibilités d'échanges et de transactions ; les autres prennent pour point de départ de nouvelles perspectives en matière de gestion et de stratégies d'entreprise.

• Les organisations virtuelles centrées sur la notion de communauté

Alors que les équipes virtuelles sont en général constituées de groupes restreints avec un noyau actif d'environ 5 à 15 personnes, les communautés virtuelles supposent des réseaux bien plus larges, allant de quelques dizaines à des centaines, voire des milliers de personnes réunies autour d'un même centre d'intérêt.

---

1. ETTIGHOFFER Denis, *L'entreprise virtuelle*, seconde édition, Éditions d'Organisation, Paris, 2001.
2. DAVIDOW William, MALONE Michael, *L'entreprise à l'âge du virtuel*, Maxima, Paris, 1995.
3. BYRNE John, « *The virtual corporation* », in Business Week, 8 février 1993.

Initiées sur l'Internet en dehors des logiques d'échange professionnel, les communautés virtuelles regroupent des personnes qui, d'un bout de la planète à l'autre, partagent des activités de loisirs ou des centres d'intérêts communs sans aucune forme d'institutionnalisation. Depuis quelques années, les organisations s'approprient cette démarche en formant des communautés de métiers ou de pratiques dont les centres d'intérêt sont professionnels.

En exploitant tous les outils de travail collaboratif disponibles sur le web (bibliothèques de documents, réunions et messageries électroniques notamment), les participants se rejoignent librement dans les espaces de rencontre virtuels. Dans les entreprises, ces communautés virtuelles se développent en général pour favoriser des transversalités, des partages de savoirs, de pratiques et d'expériences. Elles servent à faciliter la production de clubs interentreprises ou bien des associations de professionnels et d'experts, qui en partageant une même spécialité peuvent conjuguer leurs connaissances et collaborer à la résolution de problèmes.

Comme les communautés privées, leur fonctionnement demeure très largement fondé sur la libre adhésion et la volonté autonome de participation. Mais cette forme de coopération au sein des groupes professionnels situe le partage des réflexions et des documents dans le cadre d'échanges finalisés et constructeurs de savoirs. Elle doit donc être bien distinguée des projets de GED ou des projets de KM souvent très réducteurs lorsqu'ils se limitent à la simple collecte et à la mise à disposition de documents sur un serveur partagé.

L'extrême nouveauté des communautés virtuelles est de relier un grand nombre de personnes éloignées autour d'échanges denses et personnalisés visibles par tous. Cette possibilité de partage autour d'un même « lieu commun » explique que les échanges en réseau génèrent un sentiment de rapprochement et de communauté, malgré le nombre de personnes en présence et la réalité des écarts géographiques.

• Les organisations virtuelles centrées sur la gestion et l'innovation stratégique

Certains auteurs reprennent en partie les principes formulés autour du télétravail mettant l'accent sur l'allégement des coûts, la rapidité des opérations sur supports électroniques, et l'apport en performance qui en résulte. Plus radicalement innovantes, d'autres définitions se rapportent aux organisations étendues – configurations adoptées par plusieurs entreprises travaillant en réseau pour inventer d'autres voies de développement.

Toutes ces définitions données aux entreprises virtuelles dépendent moins des technologies que du diagnostic posé par les auteurs sur l'état et le devenir des organisations, et les options débattues sont multiples. Au sein des entreprises, ce sont aussi ces choix d'orientation, adoptés au niveau du management, qui vont infléchir le contexte de travail des individus et des équipes.

Dépasser la notion de télétravail

Si l'on considère les technologies de communication déjà établies, dont le téléphone mobile, on peut d'ores et déjà considérer que les entreprises sont pratiquement toutes « virtuelles ». Dans cette optique, le déploiement des réseaux intranet-Internet ne fait qu'amplifier une tendance déjà largement mise en œuvre : l'organisation devient virtuelle parce qu'elle couvre toutes les activités de l'entreprise par des infrastructures électroniques, dès lors que ces activités impliquent la plus minime forme de travail à distance ou de mobilité.

Cette conception s'appuie sur la notion initiale de télétravail. Défini en France comme un travail pratiqué sur un support électronique hors des locaux de l'entreprise, le télétravail recouvre trois catégories :

  – le travail à domicile : à l'origine, ce mode d'organisation a prévalu pour certains travaux manuels peu qualifiés ou précaires. Avec le télétravail, cette formule s'applique aux professions libérales et intellectuelles ou aux cadres : ils continuent à domicile le travail initié au bureau ou ils ont aménagé leur domicile afin de pouvoir y travailler de façon régulière, voire permanente ;

  – le travail mobile : il concerne tous les collaborateurs d'une entreprise qui sont en contact avec un grand nombre de clients ou de partenaires et qui se déplacent constamment. C'est le cas, par exemple, des livreurs ou des commerciaux mais la mobilité concerne aussi très massivement les cadres et les dirigeants en voyages d'affaires ;

  – le travail multisites : il concerne les personnels détachés dans des unités qui assurent des services pour le compte d'une même société. C'est aussi le mode privilégié des entreprises dont les collaborateurs travaillent de façon prolongée dans les locaux des clients, cas typique, par exemple, des informaticiens qui travaillent en régie.

Ainsi défini, le télétravail paraît très actuel et pourtant cette définition fait référence à des notions bien datées du point de vue historique et culturel. En effet, ces catégories classiques du télétravail supposent une différenciation entre les activités réalisées dans les locaux de l'entreprise et celles effectuées dans les locaux du client. Elles distinguent les lieux réservés aux activités professionnelles de ceux affectés au domaine privé. L'organisation virtuelle bouleverse cette vision des lieux de travail et de l'espace. Les segmentations entre espaces professionnels, publics ou privés deviennent secondaires car les réseaux et le matériel électronique font le lien entre ces lieux socialement démarqués. L'extension des parcs d'ordinateurs mobiles favorise cette tendance. Des entreprises comme Boeing ou PeopleSoft ont choisi d'équiper très largement le personnel d'ordinateurs portables. Utilisés à 90 % en lieu et place des ordinateurs fixes, ils permettent d'inverser le mouvement : on ne va plus au bureau, on transporte le bureau avec soi.

Dans ces conditions, tous les lieux traversés deviennent des points de contacts potentiels qui relient les collaborateurs à leur entreprise à tout moment. Bien plus, les aéroports, les gares, les cafés, les restaurants, les chambres d'hôtel, les domiciles privés, tous deviennent des « lieux de travail » potentiels. Désormais, dans tous les lieux privés, professionnels ou publics, toutes sortes d'activités peuvent s'exercer, y compris l'activité particulière que l'on appelle travail.

Cette vision très unificatrice du réseau de communication et des lieux de production ne va pas sans poser des problèmes sociaux, juridiques ou psychologiques. Les difficultés sont liées à la réglementation du travail devenue inadaptée, aux rapports entre employeurs et salariés qui évoluent, à l'équilibre souhaité entre travail et vie privée. Les technologies infléchissent les pratiques de façon différente selon que l'on juge le travail émietté ou cohérent, subi ou choisi par le salarié, abusif ou justement attribué par l'employeur. Mais *techniquement*, dans tout endroit relié à l'Internet, la personne qui se connecte peut joindre les autres et être jointe pour des échanges brefs et immédiats ou des communications longues et complexes. Une décision à peine éditée au siège de l'entreprise (sur l'intranet) peut être consultée (*via* l'Internet) dans les minutes qui suivent par le collaborateur concerné, où qu'il se trouve. Ainsi, tous les lieux sont *potentiellement* des lieux de travail permettant aux individus :

– de s'informer et, par suite, de déployer des segments de leur activité personnelle ;

– de coordonner leur activité avec celle des autres et de travailler en équipe.

Inversement, parce que l'on peut travailler chez soi et à toute heure, les lieux de travail deviennent des espaces de rééquilibrage, au sein desquels se glissent des temps de repos et de loisir. L'extension des espaces de travail s'accompagne nécessairement de réflexions nouvelles sur le temps imparti au travail et aux loisirs et sur les nouvelles règles de régulation à établir dans le temps et l'espace.

De telles ouvertures s'appliquent aux équipes à distance et aussi, dans un autre contexte, aux équipes de proximité qui peuvent tirer parti de cet élargissement des modes de travail et de communication. Dans le cas des équipes virtuelles à distance, les membres sont éloignés et, de plus, ils ne disposent pas nécessairement de lieux de travail fixes, ni même de locaux professionnels. Peu importe car, où qu'ils soient, la connexion avec les espaces de travail électroniques dévolus aux équipes demeure possible en continu. Lorsqu'un directeur de projet se rend à Sao Polo pour superviser un chantier, il peut continuer à s'occuper d'un second projet qu'il pilote avec l'équipe de Strasbourg et communiquer avec un confrère en déplacement à Toulouse.

Pour ce qui est des équipes virtuelles de proximité, il faut préciser que les barrières organisationnelles ne sont pas nécessairement liées à un grand éloignement. La mobilité peut se limiter à quelques centaines ou dizaines de kilomètres et poser de réels problèmes de coopération et de coordination. Quant aux obstacles que posent les divisions internes de l'entreprise, ils se manifestent souvent d'un étage à l'autre. En ce sens, les outils de communication et les intranets constituent des leviers de performance exploitables par les équipes de proximité. La notion de travail au siège de l'entreprise est révisée avec l'impact de nouvelles questions, lorsque les collaborateurs peuvent disposer d'outils de communication à la fois déployés sur l'intranet, en extranet et sur l'Internet :

– pour les équipes bénéficiant de contacts face à face, quelles activités pourrait-on améliorer en tirant parti de l'Intranet ? Comment, par exemple, aménager le travail des collaborateurs dans des unités décentralisées ou mieux coordonner les temps de travail à 35 heures ?

– quels produits pourrait-on mieux réaliser avec les partenaires proches ou éloignés en exploitant les réseaux extranet ?

– quelles relations et quels services pourrait-on plus facilement offrir aux usagers ou aux clients, où qu'ils soient, en tirant parti des lieux d'échanges et de transaction sur l'Internet ?

Développement de l'organisation par projet

Les principes fondateurs des organisations virtuelles proposent toujours des alternatives aux rigidités des entreprises traditionnelles. Lorsqu'on vise la disparition de fonctionnements archaïques, on cible l'allégement des contraintes et des coûts mais aussi la performance des processus d'innovation. Par nature, la créativité suppose des procédés nouveaux, la conception et le développement de produits originaux confiés à une équipe qui doit obtenir des résultats en un temps donné. Ces caractéristiques sont propres au travail en mode projet et intéressent particulièrement les équipes R & D. Mais les avantages du mode projet gagnent progressivement tous les processus au sein des organisations qui s'adaptent au changement et qui visent une amélioration permanente. Dans une organisation en mode projet, une équipe opportunément construite est dite « ad hoc » : les participants susceptibles de concourir au projet sont explicitement recherchés et choisis en fonction de leur compétence.

Comment les outils de travail collaboratif exploités en mode projet transforment une administration

Parce que l'administration est connue par son traditionalisme, et parfois dans le plus mauvais sens du terme, on oublie trop souvent combien elle sait faire preuve d'innovation. En 1993, dans un département du centre de la France, le chef du service chargé des études et de l'exploitation des routes nationales relève un nouveau défi étonnant : changer l'organisation d'un service d'études et d'exploitation routière en tirant parti des nouvelles technologies.

À l'époque, ce responsable sait qu'il ne peut plus compter sur l'augmentation de ses ressources (réduction des effectifs de la fonction publique oblige) pour assurer les missions d'études et de travaux commandées dans le cadre des Contrats Etat-Région. L'enjeu économique est fort pour les entreprises locales de travaux publics : les études sont préalables à des chantiers qui se chiffrent à plus de 30,5 millions d'Euros de travaux. Dans ce contexte, les enjeux économiques se doublent de pressions politiques et d'exigences hiérarchiques qui mettent toute la collectivité sous pression. Dans ce service départemental comme partout ailleurs en France, le travail est organisé par arrondissements bien circonscrits en fonction de spécialités : routes, ouvrages d'art ou signalisation... En passant d'un domaine d'étude spécialisée à un autre, les travaux en cours sont souvent mis « en attente » et la globalité des études est trop fréquemment perdue de vue. Le chef de service décide de fonder la réorganisation en fonction d'un principe : répondre en priorité aux commandes. La perspective d'amélioration se présente avec une apparente évidence, il s'agit d'optimiser le travail du service en l'organisant à partir des projets. Ainsi, la planification des ressources nécessaires aux études dépendra beaucoup moins de l'ordre des dossiers empilés au sein de chaque arrondissement. Le chef de ce service aux structures traditionnelles est en train de penser « organisation par processus », en écartant le piège des fameuses structures matricielles qui croisent des pouvoirs et génèrent des conflits d'intérêt sans fin. Il n'oublie pas l'environnement de communication, indispensable à cette nouvelle forme d'organisation qui fait voler en éclats les cloisons étroites des arrondissements. Son idée initiale consiste à mettre à disposition de ses équipes projets une messagerie couplée à un système de gestion de documents en réseau local.

Une plate-forme groupware est installée (WordPerfect Office, l'ancêtre du produit GroupWise) autorisant les chefs de projet à travailler avec des équipes à géométrie variable, qui combinent au maximum les compétences que chacun peut apporter à la réalisation des projets en cours. Les objectifs visent d'emblée à éliminer les pertes de temps les plus patentes. Les outils de groupware de WordPerfect Office permettent de partager plus rapidement les informations utiles aux études, en facilitant la réutilisation de documents et de plans standards : plannings de projet type, profils de chaussées, calculs de giratoires, etc. La qualité et l'efficience de la coordination ne sont pas oubliées : les outils en place favorisent aussi les échanges entre les projeteurs, les dessinateurs, les juristes... Les chefs de projet eux-mêmes assurent, par un collège de direction, un meilleur suivi des travaux.

Toute cette effervescence organisationnelle et technique ne peut pas faire oublier les hommes engagés dans cette démarche de changement, et la dynamique en cours pose rapidement un problème. Dans cette nouvelle organisation qui implique une trentaine de personnes dans le cœur d'activité, les équipes sont désormais composées en fonction des projets, bouleversant la logique d'affectation des tâches par postes et par fonctions. Face aux premières hésitations, voire aux réticences des personnels, le chef du service tend alors à imposer le projet par son autorité. L'adhésion des équipes vacille. Elle est progressivement gagnée grâce à l'attention apportée aux situations de travail et de communication réellement vécues par l'ensemble des personnes travaillant au sein du service. Les objectifs de performance organisationnelle donnent son sens premier au projet, mais ainsi, ils sont explicitement liés à des avantages et des améliorations apportées au travail quotidien.

Menée en 1993, cette expérience était-elle d'avant-garde ? Certainement, et c'est d'ailleurs à ce titre qu'elle a été primée l'année suivante aux Trophées de l'Innovation du ministère de l'Équipement. Serait-elle encore d'actualité ? Indubitablement, car en 10 ans, les enjeux économiques, les pressions politiques ou les tensions sociales n'ont pas changé de nature. Depuis, les technologies ont grandement évolué en offrant de nouvelles facilités et la culture intranet/Internet est un peu plus répandue. Mais les hiérarchies et les structures pyramidales sont toujours présentes, et sont devenues encore plus pesantes face aux impératifs de performance qui contraignent les organisations.

Alors, cette expérience serait-elle toujours exemplaire ? Ici encore, sans aucun doute. Cette réorganisation a été vécue au sein d'une organisation largement engluée dans les pesanteurs traditionnelles, avec un manager peu enclin au management participatif, avec des équipes en bonne partie réticentes au départ ... Comment les réussites peuvent-elles se construire à l'échelle des groupes ? Non pas en recherchant des organisations idéalement favorables au changement dès le départ. Mais en considérant les difficultés des organisations telles qu'elles sont, afin que se mobilisent les énergies de transformation qui peuvent en découler.

PERSPECTIVES ET VOIES D'APPLICATION

Dans les organisations traditionnelles, les équipes projet sont classiquement recrutées au sein de l'entreprise et se forment de préférence à proximité. Dans les équipes virtuelles, l'entreprise recherche des expertises particulières à proximité ou à l'autre bout de la planète. Dans ce type d'organisation, dite « évanescente » selon la formule de Jack Nilles[1], les équipes se font et se défont selon les besoins. Leurs membres n'appartiennent pas nécessairement à la même entreprise ; les participants établissent un contrat de mission mais pas forcément dans le cadre du salariat. Il peut d'ailleurs s'agir de travailleurs indépendants s'engageant librement en fonction de leur intérêt propre et de leur contribution au processus collectif, à l'image d'un chantier du bâtiment : le travail avance avec le concours de plusieurs sociétés ou artisans indépendants apportant chacun la spécificité de leurs corps de métier. De même, les membres de l'équipe peuvent être des travailleurs salariés ou indépendants qui modulent eux-mêmes leur organisation et travaillent ensemble en toute responsabilité, le temps nécessaire à l'obtention du résultat.

Lorsqu'il s'agit uniquement de processus de R & D, l'organisation des équipes projet s'intègre assez facilement aux entreprises de forme traditionnelle, sans bouleversement fondamental des structures classiques. Mais l'organisation virtuelle peut être totalement structurée par processus de projet et par équipes projet. Les chaînes d'organisation sont alors « mises à plat » et entièrement reconfigurées dans la logique des processus transversaux clairement orientés vers le client et le produit final. Les équipes virtuelles mènent des processus particuliers en chaînant chaque activité en réseau ; dans cette optique, une entreprise virtuelle peut fonder tout ou partie de son organisation sur un réseau composé « *de firmes indépendantes mettant en commun leurs ressources et compétences grâce aux technologies de l'information*[2] ».

Dans ce cas, plusieurs entreprises conjuguent services et compétences, par exemple, sous la forme de projets de partenariat, d'externalisations ou de sous-traitances. Le réseau est souple car les entreprises nouent et dénouent des activités communes et des échanges productifs selon les opportunités. Le réseau devient solide quand les entreprises lancent un nouveau projet ou une activité commune. Elles se répartissent alors, pendant toute la durée du travail commun, les

1. NILLES J. M., « *Managing telework* », John Wiley, États-Unis, 1998.
2. Frédéric FRERY, « *Entreprises virtuelles et réalités stratégiques* », dans la Revue Française de Gestion, mars avril, mai 2001.

segments d'activités nécessaires à la réalisation du processus. La livraison du produit au client final intervient au terme des chaînes d'activités et d'affaires réparties entre les entreprises.

Dans tous les cas, le réseau NTIC est le moyen d'intégration d'une même chaîne de valeurs qui relie les apports productifs des entreprises partenaires. Dans un réseau, la frontière de l'organisation englobe les entreprises « co-actantes ». Cette redéfinition aux frontières place les individus et les équipes dans une configuration particulière : réaliser une mission pour son entreprise, c'est aussi la réaliser au bénéfice de l'ensemble du réseau. Le système d'appartenance traditionnelle qui lie statutairement un collaborateur aux intérêts d'une seule organisation est profondément modifié.

Conjuguer concurrence et coopération

Parce que les activités de chacune sont assujetties aux résultats des autres, les entreprises en réseau supposent toujours des formes de collaboration qui n'excluent pas les confrontations de pouvoir et les risques. Il n'est pas rare que des partenariats se nouent entre des entreprises concurrentes qui, par opportunité stratégique ou commerciale, vont allier des segments de leurs activités. Certaines entreprises adoptent des formes d'actionnariat croisé pour ancrer leurs alliances, d'autres se limitent à des rapports contractuels à durée limitée, d'autres encore établissent des liens essentiellement fondés sur la confiance et la parole donnée.

L'une des tendances qui se dessine sur le réseau est l'alliance entre de grandes firmes et des entreprises de moindre envergure. Cette dynamique, qui devrait remettre en question les anciennes formes de pouvoir sur un marché, induit aussi de nouvelles ambiguïtés. Les rapports d'affaires posent un principe général de conquête et de domination, de compétition et d'indépendance, alors que le réseau virtuel implique des principes plus diffus d'interdépendance et de coopération. Ces contradictions ont une évidente portée opérationnelle : lorsque des entreprises travaillent en réseau virtuel, le facteur clé réside dans la capacité à coopérer pour coordonner efficacement les chaînes d'interaction. Le principe d'alliance stratégique, défini aux échelons décisionnels, doit se concrétiser par la mise en œuvre de collaborations effectives et d'échanges personnalisés. Compétition ou collaboration interentreprises ? La réponse – qui dépend largement de l'état d'esprit impulsé par le top management – induit plus de solidité ou de vulnérabilité au sein des équipes et va agir sur l'efficacité des coordinations. Lorsque des alliances sont posées de façon floue par le management, les contradictions tacites vécues au quotidien par les équipes vont altérer la dynamique de confiance nécessaire à un travail de qualité.

En effet, la confiance est couramment considérée comme un facteur essentiel de l'efficacité des équipes virtuelles. Elle suppose un sentiment de sécurité qui permet aux participants de communiquer efficacement et de surmonter plus facilement les malentendus. En état de confiance, les valeurs et les buts communs sont partagés et intériorisés, ce qui pousse l'équipe à agir dans le sens de l'organisation commune, de manière autonome et sans besoin excessif de surveillance ou de contrôle autoritaire.

L'une des composantes de la collaboration, le sentiment de sécurité, suppose une absence de suspicion. De ce point de vue, un rapport de concurrence plus ou moins larvé entre les entreprises co-actantes ne paraît guère favorable au développement collaboratif des équipes. Tous les contextes d'opposition volontairement masquée entre les organisations placent les équipes en position délicate. Les projets interentreprises mais aussi les fusions acquisitions ou les contrats de prestations de services s'initient en général dans un contexte de méfiance plus ou moins marquée. Comparativement, les mises en commun d'expériences ou les projets communs au sein d'une même entreprise offrent des contextes moins antagonistes. Mais ces organisations transversales parce qu'elles supposent des décloisonnements internes n'excluent pas des compétitions individuelles ni des luttes entre les divisions ou les services.

Lorsqu'elles se constituent, les équipes virtuelles ne sont pas épargnées par ces jeux d'oppositions et de pouvoirs propres à toute forme de regroupement humain. Comme dans un environnement traditionnel, la confiance au sein des équipes virtuelles ne peut se bâtir sans reconnaissance des différences, des risques d'opposition et des calculs d'intérêts. Une dynamique qui repose en bonne part sur une dimension rationnelle : au départ notamment, chacun estime les bénéfices, les pertes, les risques, les bonnes ou mauvaises intentions du partenaire adversaire. Mais si les participants raisonnent en aparté sur leurs intérêts éventuellement divergents, ils réfléchissent aussi sur les intérêts communs. Leurs échanges menés dans un environnement virtuel, donc le plus souvent à l'écrit, les conduisent à énoncer les points d'accord et à expliciter des interdépendances. Ainsi, le processus de confiance dans un milieu de travail électronique repose également sur une dimension sociale. Enfin il se caractérise par une certaine dynamique : les participants s'observant en continu, la confiance ne peut croître qu'à l'épreuve de l'action, à condition que les compétences s'affirment et que les engagements réciproques soient tenus.

Les communications traditionnelles permettent de construire une relation de confiance face à face. Un des enjeux d'une équipe virtuelle sera de parvenir à transposer cette qualité d'interactions via un espace d'échanges électroniques expressément mis en place pour rendre plus visibles les actions et les résultats de chacun.

Passer à l'action

Si l'on réfléchit un instant à ce qui peut être réalisé avec les outils de communication électroniques, on découvre qu'ils permettent non seulement d'effectuer des choses irréalisables auparavant mais aussi de faire des choses anciennes autrement :

– Développer le travail d'équipe, avec les effets de mobilisation, de qualité et de créativité liés à ce mode d'organisation ;

– Améliorer des processus de coordination, sollicitant plus fortement la confiance, l'autocontrôle et la responsabilité des équipes ;

– Accroître le confort personnel et améliorer la maîtrise du temps, avec l'usage des médias mieux adaptés aux activités et aux modes de vie contemporains.

Au rang des nouveautés, on citera :

– une flexibilité inédite des stratégies d'entreprise et l'étendue des modes d'organisation qui sont de valeur cruciale dans le contexte de la globalisation ;

– un développement du travail et des équipes à grande distance, avec les apports en performance liés à de nouveaux modes de travail ;

– une nouvelle définition des temps et des espaces de travail, s'accompagnant d'une évolution des rapports sociaux, du droit et, plus généralement, d'une évolution culturelle ;

– une introduction de la communication et de la coopération dans les chaînes de valeur économiques, ce qui bouscule les idéologies séparant les logiques d'économie et de production des dimensions culturelles et humaines.

Pour être mises en œuvre, ces perspectives passent par une assimilation des techniques au cœur de l'organisation et des échanges professionnels. Lorsqu'on vise la rentabilité des investissements technologiques, on cible à l'évidence des résultats organisationnels qui impliquent nécessairement des changements humains. Pourtant cette approche peut dérouter, car elle suppose de concevoir simultanément les systèmes humains et organisationnels en les liant fortement à l'emploi de systèmes et d'outils électroniques. Or les activités des entreprises ne sont pas issues d'un code binaire et le but des équipes virtuelles n'est pas de transformer le monde du travail en un univers informatique. Pour autant, tirer parti des outils électroniques impose de savoir entrer, échanger et travailler dans les espaces virtuels chaque fois que cela est nécessaire, utile ou tout simplement plus confortable. Il s'agit d'un vrai changement de représentations et de pratiques qui suppose de nouvelles connaissances pour maîtriser un environnement fortement marqué par la nouveauté des échanges virtuels. Pour s'orienter dans ces nouveaux milieux de travail et d'échanges électroniques, de nouveaux repères sont indispensables à la réussite des équipes virtuelles.

LES POINTS CLÉS À RETENIR

Travailler plus vite à moindre coût, travailler mieux et autrement sont les avantages généraux apportés par les équipes en réseau. Selon les horizons stratégiques que se donne chaque entreprise, trois voies d'applications se croisent et se cumulent pour concrétiser les résultats :

① **Développer le travail des équipes à distance – Les distances géographiques pèsent sur les équipes internationales,** mais aussi fortement sur la performance des organisations d'ampleur régionale ou nationale. Dans le vaste mouvement de globalisation économique, le travail collaboratif est un levier de développement pour toutes les entreprises dont le rayon d'action, quelle qu'en soit la portée, implique distance et mobilité entre des collaborateurs, des partenaires ou des clients souvent éloignés et pourtant appelés à coordonner des actions et des échanges.

② **Développer le travail en temps dissociés – À grande distance comme en toute proximité,** ce ne sont pas seulement les kilomètres qui font obstacle au travail : les cycles de travail décalés par le respect des contraintes horaires ou des semaines à 35 heures, la dispersion des emplois du temps, la multiplication des informations à l'oral, sur papier ou sur les réseaux numériques constituent aussi des contraintes qui pèsent lourd au quotidien … Les outils de travail collaboratif sont propres au travail mené en continu sur un même réseau d'informations et de communication cohérent. Ce sont des instruments qui favorisent la meilleure gestion de cette ressource cruciale : le temps.

③ **Développer la flexibilité de l'organisation – La grande plasticité des outils de travail collaboratif** permet de configurer des équipes en tous lieux et à tous moments, notamment dans le cadre d'activités menées entre des entreprises partenaires (réseaux d'entreprises) ou pour les besoins d'un projet (équipes projet construites « on line », vite et au bon moment) : le travail collaboratif est une forme d'organisation qui respecte les frontières formelles d'une entreprise (sécurisation des espaces de travail) mais permet d'élargir son périmètre d'activités en fonction de sa stratégie et des opportunités.

Les précautions essentielles

① **Admettre la diversité des hommes et des cultures :** plus ouverts aux échanges humains, les réseaux sont des espaces d'expression de la diversité des cultures et des comportements. L'ajustement mutuel, qui passe d'abord par une reconnaissance des différences, est un ingrédient indispensable du travail communément compris et partagé.

② **Juguler les risques :** les espaces de travail collaboratif ne sont pas des paradis angéliques, dans lesquels les hommes se dévouent magiquement pour coopérer au bien commun. Les partenariats fallacieux, l'individualisme forcené et les rivalités internes sont des pièges à désamorcer pour la bonne réussite des équipes virtuelles.

③ **Agir en continu pour construire la confiance :** plus ouvertes à la riche expression des différences, mais sujettes comme tout groupe humain au jeu des pouvoirs, les équipes virtuelles doivent enclencher des dynamiques de confiance par l'échange qui seront mises à l'épreuve par des actes : de nouveaux challenges pour les managers et les participants fortement engagés dans des coopérations et des coordinations actives, si chacun joue le jeu pour y trouver avantage.

Troisième partie

Bureau virtuel, mode d'emploi

Comment un espace virtuel peut-il être propice au travail d'équipe ? Un réseau électronique est souvent décrit comme un ailleurs indéfini où l'on effectue deux opérations vagues et générales : trouver et échanger des informations. Actions intangibles qui ont à voir avec la perception et la relation à autrui, avec la réflexion et la pensée abstraite, ou encore avec l'imaginaire, puisque les univers virtuel et physique semblent si différents. Dans un monde du travail marqué par la pensée rationnelle, il paraît insolite de tabler sur du virtuel pour obtenir des résultats concrets.

A priori, la virtualité présente une ambiguïté. Prenons l'exemple d'une réunion électronique. Pour les participants, cette réunion est une « fausse » rencontre car ils ne sont pas vraiment face à face. Néanmoins, c'est une « vraie » rencontre puisqu'elle permet de réaliser des échanges : les interlocuteurs partagent des idées, examinent des faits, plaisantent, s'accordent ou se heurtent. Au cours de la discussion, il se construit une réflexion collective et des décisions sont prises : l'échange virtuel produit des sensations et des effets qui n'ont rien de fictif. Et pourtant, l'espace virtuel est également un « imaginaire » : chacun doit élaborer une image mentale d'autrui afin de communiquer avec des personnes invisibles mais dont la présence se manifeste à l'écran. Face à face, la perception des gens et des choses relève de moyens naturels. Dans un environnement électronique, nombre de possibilités perceptives font défaut. Impossible d'appréhender les personnes par le biais des canaux expressifs et sensoriels ordinaires, ni de ressentir les bits de données qui transitent sur les réseaux. Virtuellement, l'existence des individus et la réalité des choses sont perçues et rendues compréhensibles à travers un double système de signes : celui des langages numériques et des codes de programmation cachés qui se traduisent par des signes affichés à l'écran ainsi que celui du langage écrit manifestant l'existence des pensées et des personnes, sans présence physique ni mouvements pour témoigner de leur existence corporelle.

Chapitre 7

L'ESPACE VIRTUEL PROPICE AU TRAVAIL HUMAIN ?

L'espace virtuel est vécu comme un espace d'images et de représentations, ce qui ne favorise pas la prise de conscience de son ancrage dans le monde physique, à commencer par la nature des flux électroniques qui déterminent le fonctionnement du réseau. Cet ancrage matériel se manifeste pourtant par la présence de machines, claviers, écrans et interfaces logicielles, objets « hard » et « soft » déterminant l'accès à l'espace virtuel. Quant à l'ancrage humain, l'implication corporelle et sensorielle paraît très restreinte et néanmoins elle persiste. Impossible, en effet, d'accéder à l'espace virtuel sans *regarder* l'écran, sans *toucher* le clavier, sans *agir* sur les commandes.

Cette faible implication corporelle donne à penser que l'homme luimême se dématérialise et se transporte dans un ailleurs évanescent. Les perceptions qui demeurent semblent alors occultées. Or, manipuler un ordinateur n'exclut pas de ressentir le confort du siège, la qualité de la lumière, l'ambiance sonore, bref, d'éprouver notre existence sur terre, alors que nous échangeons et agissons simultanément dans le monde virtuel. Quant aux phénomènes électroniques qui échappent à notre perception et à notre conscience, ils n'en sont pas moins d'ordre physique. Tout cela ne fait appel ni à l'ubiquité, ni à l'omniscience, ni à une projection fantomatique dans un cybermonde éthéré, notions avancées par certains prosélytes des mondes virtuels mais plus apparentées à l'obscurantisme médiéval qu'aux savoirs scientifiques et techniques du XXIe siècle. Si le virtuel est bien raccordé au réel, il présente néanmoins une version inhabituelle de la réalité. L'espace virtuel existe mais sous une forme parfois invisible. Il « *se tient en amont de la concrétisation effective* »[1] mais il peut à tout moment être actualisé sous une forme concrète et perceptible à l'écran. Il est possible d'aller et venir dans l'espace virtuel qui apparaît ou disparaît par l'activation ou l'interruption d'une connexion jouant un rôle de médiateur. Quand on se déplace, c'est pour aller quelque part. Comment se représenter cet endroit auquel accède un individu ou un groupe ?

L'espace virtuel est souvent représenté à partir des notions de réseaux, de liens, de flux et de nœuds, toutes choses éminemment quantifiables mais tout à fait abstraites.

Figure 3-1 – Représentations courantes de l'espace virtuel : réseaux tridimensionnels

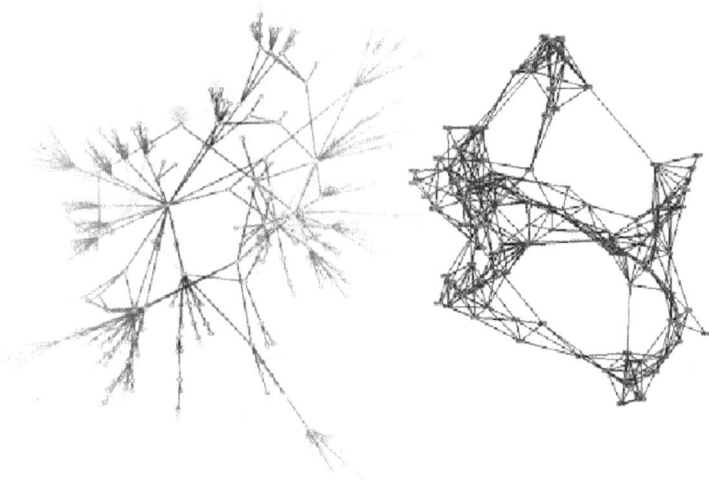

La vision d'un ensemble de points et de liens détachés du monde physique, sans lien avec les représentations habituelles de l'espace et des lieux de travail.

D'autres représentations plus analogiques s'inspirent de la géographie terrestre. L'espace virtuel y apparaît alors comme un espace filaire à la fois ancré et flottant à la surface de la planète.

L'espace géographique Internet n'est pas réellement assimilable à une surface – il n'est pas mesurable en longueur ni en largeur et n'a pas de consistance palpable. Mais la métaphore planétaire est commode pour rendre compte du milieu virtuel, des façons de s'y déplacer et de l'aménager en fonction des activités humaines.

---

1. LÉVY Pierre, « *Cyberculture* », Rapport au Conseil de l'Europe, Odile Jacob, Paris, 1997.

Internet, métaphore du territoire planétaire

À la mesure de l'Internet qui couvre progressivement la planète, on peut imaginer l'espace virtuel comme une zone immense comportant différents territoires : sites Web grand ouverts au public de passage, zones Intranet des entreprises aux accès réservés, aires personnelles et privées où l'on peut joindre les individus par e-mail. Chaque point identifiable comme un lieu virtuel particulier présente quatre caractères : il est localisé, relié, circonscrit et possède une étendue propre.

- **Localisation d'un lieu virtuel** – La localisation est définie par une adresse électronique et non par des coordonnées cartésiennes ni par les conventions qui désignent habituellement les villes et les rues.

- **Lien d'un lieu virtuel à un autre** – Les liens hypertexte sur l'Internet dessinent des voies d'accès qui aboutissent à chacune des adresses du réseau.

- **Délimitation des territoires virtuels** – Un ensemble de dispositions techniques permet de définir les limites d'une zone, par exemple, en empêchant ou en autorisant les accès à un intranet d'entreprise.

- **Etendue d'un lieu virtuel** – L'étendue ne dépend plus de la surface ni de la distance kilométrique mais de la quantité d'objets et d'informations directement liés les uns aux autres à partir d'une adresse principale.

Dans l'agencement des territoires intranets et Internet, les lieux virtuels distincts sont reliés un peu à la manière des axes routiers sur une carte. Lors du développement des infrastructures Internet, on a utilisé l'expression « autoroutes de l'information », aujourd'hui passée de mode, pour désigner les grands axes de liaisons destinés au transit des flux électroniques intercontinentaux. L'image des autoroutes et des routes demeure toujours efficace pour figurer les chemins d'accès qui permettent de se déplacer sur l'Internet et de rejoindre les intranets d'entreprises d'un simple clic sur leur adresse.

Intranets et bureaux virtuels

En réalité, le territoire intranet de l'entreprise est un ensemble composite d'infrastructures matérielles, de dispositifs logiciels et d'applications système. Les utilisateurs ont pris l'habitude de considérer qu'il s'agit de bases documentaires et d'applications techniques leur permettant d'automatiser certaines opérations. Pour mieux cerner les opportunités des espaces virtuels, il est plus profitable de se représenter les intranets comme des lieux de travail situés dans l'espace Internet. Dans un intranet d'entreprise, un dispositif de travail collaboratif permet de créer une multiplicité de zones de travail, chacune dotée d'une adresse électronique qui l'identifie en propre. Les équipes virtuelles envisagent alors ces espaces électroniques comme des bureaux affectés au meilleur déroulement de leurs activités.

Figure 3-2 – L'espace virtuel d'une équipe, un « bureau virtuel »

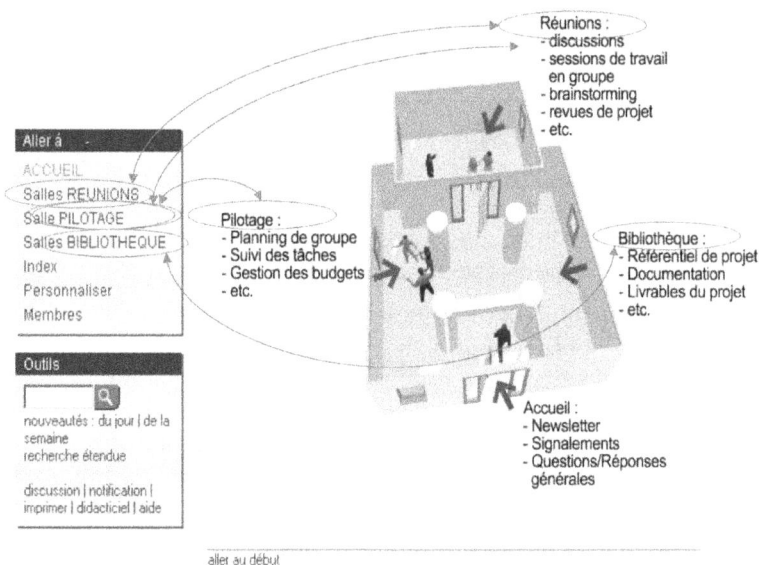

Aménagement spatial d'un bureau virtuel à l'image des locaux d'entreprise.

Source MAIN CONSULTANTS avec le produit QuickPlace, IBM Lotus Inc.

La finalité essentielle d'un bureau virtuel est d'offrir un milieu propice à des activités de groupe. À cet effet, le dispositif technique permet de générer un espace électronique. Mais, au départ, cet environnement n'a pas encore les qualités d'un lieu de travail. À sa manière, un bureau virtuel doit être aménagé comme tout local, il doit être organisé en fonction d'une architecture d'ensemble et d'un choix de mobilier, de décoration et d'outils nécessaires au travail et aux échanges. Pour acquérir les qualités requises aux fins de soutenir le travail d'équipe, l'espace virtuel d'une équipe doit devenir :

– un espace de rencontre personnalisé : des individus identifiés s'y rejoignent pour former une unité de groupe ;

– un espace de partage des ressources : des matériaux informatifs et des outils sont mis à disposition de l'équipe ;

– un espace de production : une organisation virtuelle de l'espace facilite l'agencement des activités individuelles ou communes.

Même s'il s'effectue avec d'autres matériaux et bien plus rapidement que dans la cas d'un local « en dur », l'aménagement intérieur d'un espace virtuel implique un temps de conception et de mise en place, dont le résultat va influencer les modes de communication et la productivité au sein de l'équipe. De ce point de vue, bien plus organisationnel que technique, aménager un bureau virtuel suppose de prendre en compte des logiques de fonctionnement qui, pour une part, réfèrent à celles déjà connues dans les cadres de travail plus habituels.

L'agencement des bureaux, reflet de l'organisation

Construits en dur ou purement virtuels, les locaux professionnels n'ont pas seulement pour fonction de réunir l'ensemble des personnes et des ressources utiles au travail. Ils ont aussi une valeur sociale et constituent un milieu structurant où se définissent à la fois le lieu et le temps de travail. Ce sont également des espaces réglementés dans lesquels certaines activités sont légitimes alors que d'autres sont en marge ou clairement interdites. Les bureaux présentent des segmentations : les cloisons séparent les surfaces et les places affectées à chacun reflètent la nature des activités. Socialement, cette répartition traduit la différenciation des rôles et la stratification des statuts professionnels. L'agencement des bureaux traduit donc la conception de l'organisation et en cela, il influence la productivité et les

relations professionnelles. Chacun sait que, pour des raisons pratiques, les ateliers sont situés en sous-sol et les bureaux de direction au
dernier étage, mais cela définit aussi les positions sociales des occu-
pants et les formes de communications possibles ou impossibles
entre les niveaux. Dans un autre exemple qui porte sur l'agencement
mobilier, installer des tables vis-à-vis ou dos à dos modifie les modes
de communication en facilitant plus ou moins le travail en commun.
Ces phénomènes jouent aussi dans les bureaux virtuels dont l'aménagement hérite de certains attributs des bureaux classiques, tout en
faisant émerger des règles propres aux espaces électroniques.

Les espaces de travail ont évolué dans l'histoire, depuis les premiers
bureaux individuels réservés aux rares élites éduquées jusqu'aux
bureaux collectifs du début du xxe siècle, destinés aux nouveaux
employés du secteur tertiaire alors en plein essor. À cette époque, le
cloisonnement des bureaux marquait clairement les divisions fonctionnelles et les écarts hiérarchiques : bureaux individuels pour les
dirigeants et bureaux collectifs pour les subordonnés, aménagés de
telle sorte que chacun puisse se concentrer sur sa tâche individuelle.
En réaction à cette division spatiale et symbolique, est apparue au
milieu du xxe siècle une nouvelle conception de l'espace de travail
collectif, le « bureau paysager ». Dans l'esprit de ses inventeurs (les
frères Shelle, 1958), l'aménagement d'un bureau devait privilégier
l'efficacité bien plus que le respect des écarts statutaires. Les bureaux
paysagers ont été imaginés pour éliminer les cloisons essentiellement
mises en place pour marquer les différences de statut et de pouvoir,
et favoriser les échanges entre les personnes travaillant ensemble.

Le bureau paysager supprime les cloisons, ouvre l'espace au
maximum et place le responsable dans le même local que les
membres de l'équipe. Un raisonnement de même type est à l'origine
des plateaux de projet, nouvelle organisation des locaux allant de pair
avec les méthodes et techniques du management par projet développées dans le secteur de l'ingénierie depuis une vingtaine d'années.
Ces plateaux de projet réunissent un ensemble de ressources, d'outils
et de compétences dans un même « open space » propice au travail
partagé. Ils se déclinent désormais sous forme de « plateaux projets
virtuels »[1], ou bureaux virtuels spécifiquement aménagés en fonction
des particularités de l'organisation en mode projet.

---

1. LEVAN Serge, « *La vie d'une équipe projet sur le net* », dans l'Informatique professionnelle, avril 2000.

Le bureau paysager comme « l'open space » avaient pour objectif de faciliter la coordination rapide et continue des activités afin d'améliorer les performances. Ces perspectives ont été infléchies sous l'effet de principes de gestion, visant notamment une diminution des charges afférentes à l'aménagement et au maintien des locaux d'entreprise. « L'open space » a alors été considéré comme une opportunité permettant de rationaliser la gestion des surfaces, par regroupement du plus grand nombre de salariés dans le moins de mètres carrés possibles. Cette logique de gestion connaît ses limites : trop poussée, elle nuit à la qualité du travail individuel comme à l'efficacité collective. Les problèmes posés sont d'ordre relationnel, car une proximité excessive pénètre la sphère personnelle des individus, avec pour effet un inconfort psychologique et l'augmentation des tensions entre les collaborateurs. Une trop forte densité des postes de travail nuit à l'isolement nécessaire à la concentration, constat qui a conduit plus récemment à équiper les bureaux de demi-cloisons séparatrices.

De nos jours, la réflexion sur l'aménagement des lieux de travail et leur incidence sur la communication et la productivité est toujours sous-jacente au développement des bureaux virtuels :

- **Améliorer la gestion des locaux** – La création des bureaux virtuels est affranchie de certaines contraintes propres à la construction des bâtiments en dur. Ils sont élaborés à moindre frais, beaucoup plus rapidement et avec une grande plasticité : agrandis ou rétrécis en fonction des besoins, ils s'ouvrent et se ferment sans délai.

- **Favoriser l'échange et la coordination** – Le propre des espaces de travail collaboratif est de réunir des personnes travaillant ensemble. Lorsque les équipes sont pérennes, l'aménagement du bureau tiendra compte de la régularité des processus mis en œuvre : ce sont les activités et les flux d'échanges récurrents qui seront instrumentés dans les espaces de travail électroniques. Dans d'autres cas, les bureaux virtuels sont ouverts pour mener à bien des projets particuliers, et l'aménagement intérieur devra traduire les spécificités de chaque équipe.

- **Préserver la qualité du travail individuel** – Adopter un ordre ou un désordre personnel, laisser un travail en attente, travailler à l'abri du regard d'autrui, autant de besoins d'autonomie qui jouent un rôle dans l'efficacité individuelle. Quant à l'échelon collectif, le travail en équipe n'exige pas toujours la participation unanime de tous. Dans la pratique et selon l'ampleur des projets, beaucoup d'activités sont au contraire réparties et menées en sous-groupes.

Figure 3-3 – Deux bureaux réservés situés dans un espace collaboratif commun

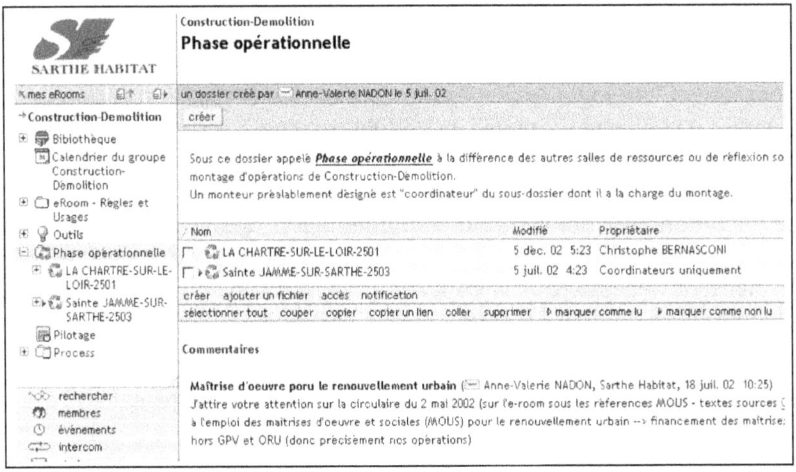

L'aménagement de l'espace favorise le passage entre les activités menées en sous-groupes (ici réservées à deux projets en phase opérationnelle) et les activités visibles et partagées par tous les participants (ici les autres zones de travail répertoriant les autres activités de l'équipe).

Source SARTHE-HABITAT, 2002, produit eRoom Technology, Inc.

Ces espaces réservés aux individus comme aux sous-groupes sont trop souvent négligés, car dans l'effort collaboratif la vision unitaire de l'équipe prédomine. Mais dans un bureau virtuel, la vision globale n'exclut pas des zones de travail personnel ou des sphères de travail en sous-groupe. Ces zones réservées jouxtent d'autres espaces unanimement partagés par tous les membres de l'équipe.

Vers la dématérialisation des lieux de travail ?

Transmutés sur de nouveaux supports électroniques, les bureaux virtuels offrent beaucoup de souplesse dans l'organisation du travail et des échanges, à l'intérieur comme à l'extérieur de l'équipe. Devant cette possibilité de travailler ensemble sans être physiquement au même endroit, une dématérialisation *totale* des lieux de travail est devenue envisageable – nouveau principe d'organisation dont les applications auront des incidences sur le travail en équipe mais aussi sur les modes de vie.

Un nouveau mode de gestion des bureaux physiques consiste à supprimer tous les bureaux personnels pour installer en lieu et place des locaux moins étendus, donc moins coûteux, et dévolus à une occupation tournante. Avec ce modèle, développé entre autres par de nombreux cabinets de conseil, il n'existe plus de locaux affectés en propre aux collaborateurs qui sont très souvent en mission à l'extérieur. Utilisatrices forcenées des NTIC, certaines entreprises tendent à développer des organisations entièrement fondées sur du travail effectué hors de leurs locaux, les managers et collaborateurs étant reliés les uns aux autres par des échanges en réseau. Ce modèle s'applique aux entreprises qui offrent des prestations intellectuelles, développent des activités de création ou proposent des services que les collaborateurs délivrent sur le site du client.

Quand l'organisation se déploie dans des bureaux virtuels, les bâtiments collectifs réduits au minimum peuvent aller jusqu'à disparaître : l'existence de l'organisation peut être instaurée via une simple domiciliation administrative, juridique et fiscale. Ce principe d'organisation réduit radicalement les coûts de gestion des locaux – et accroît encore l'importance et la valeur des systèmes d'information et de communication électroniques. Cette tendance autorise des performances maximales, à condition de maîtriser certains inconvénients très dommageables lorsque l'approche est uniquement focalisée sur les apports techniques. Nous reprenons ici l'analyse proposée par Thomas Davenport[1]. Observant les effets cumulés de la suppression des bureaux personnels et du développement des échanges de données sur un réseau, il précise les difficultés engendrées aux

---

1. DAVENPORT Thomas, « *Avantages et inconvénients du bureau virtuel* », L'art du management de l'information, Les Échos, 2002.
Source web : http://www.lesechos.fr/formations/manag_info/articles, page consultée en juillet 2002.

niveaux individuel et collectif lorsque la technique a été mise en place sans souci de communication ni d'animation managériale. Ainsi pointe-t-il l'isolement lié à l'absence de rencontres directes entre les collaborateurs et des difficultés d'adhésion à la culture d'entreprise. Les responsables mal préparés aux nouvelles formes de management à distance éprouvent alors des difficultés à encadrer leurs collaborateurs, aucun d'entre eux n'étant présent sur un même lieu de travail. Enfin, l'accès aux ressources et aux outils du quotidien peut être compliqué par le fait qu'une partie continue à être diffusée sur papier et n'est pas disponible sur le réseau.

Ces différents points mettent en valeur des évidences curieusement oubliées dans la perspective d'une dématérialisation totale du lieu de travail :

- **Communication** – La communication professionnelle ne se résume pas à l'accès aux informations partagées, ni même à une simple interactivité technique. La constitution de liens sociaux demeure un besoin constant, y compris lorsqu'une grande part des échanges est médiatisée par des ordinateurs en réseau.

- **Management** – Les équipes dont les membres sont éloignés travaillent sans supervision directe. De nouveaux apprentissages s'imposent aux managers afin de maîtriser les processus de production en équipe avec des participants très dispersés et autonomes.

- **Environnements de travail** – La matérialité des existences humaines et des objets du quotidien coexiste avec des systèmes et des objets électroniques. Au sein des équipes virtuelles, chacun doit gérer à la fois l'environnement physique et les milieux virtuels.

Cerner les atouts du bureau virtuel

Au démarrage, toutes les équipes s'interrogent sur l'équilibre à trouver entre les mondes traditionnels et virtuels qui s'enchevêtrent avec toutes les apparences de la complexité. Quand préférer une réunion virtuelle à une réunion face à face ? Avec l'abandon des photocopies, doit-on distribuer les documents via la messagerie ou ouvrir une bibliothèque virtuelle partagée ? Pour régler un conflit, faut-il se rencontrer, téléphoner ou s'adresser des messages électroniques ? Comment exploiter un espace électronique partagé sans perdre l'efficacité de certains échanges face à face ?

Ces questions soulignent le caractère hybride des environnements de travail qui conjuguent plusieurs supports d'échange et une multitude d'outils de communication. Le bureau virtuel a sa place dans cet environnement composite, mais pas toute la place. En adoptant les nouvelles technologies, la plupart des équipes craignent de devoir entièrement renoncer à leurs anciennes pratiques de travail et de communication. Or, le débat entre les tenants du « tout virtuel » et les défenseurs du « tout traditionnel » s'avère absolument stérile. En période d'assimilation des nouveautés technologiques, l'un des apprentissages essentiels consiste à distinguer deux types de situations pour mieux les vivre en alternance :

– celles qui permettent de tirer parti des environnements virtuels, lorsque les outils électroniques apportent plus de confort et d'efficacité ou lorsqu'ils permettent d'obtenir des résultats impossibles auparavant ;

– ou au contraire les situations qui sont avantagées par l'emploi d'outils plus traditionnels, du fait des besoins organisationnels, de la nature des échanges et des travaux à mettre en œuvre.

Il ne s'agit donc pas d'exclure a priori des formes d'organisation possibles, mais d'articuler les modes de vie et de travail dans des espaces « en dur » avec d'autres lieux d'activités et d'échanges ayant pris des apparences immatérielles. Pour identifier les avantages des bureaux virtuels et déterminer les configurations intéressantes qui permettront d'optimiser le travail des équipes, y compris au sein de locaux traditionnels, trois critères au moins sont à prendre en compte : la plus ou moins grande mobilité des acteurs ; l'importance de la distance qui les sépare ; l'existence de locaux matériels et leurs modalités d'exploitation.

Dans l'ensemble, trois modalités sont envisageables pour la mise en place d'un bureau virtuel, telles que résumées ci-dessous :

Contextes d'utilisation et avantages du bureau virtuel		
Mobilité, distances entre acteurs	Utilisation des locaux physiques	Avantages du bureau virtuel
Situation 1 : équilibre bureau virtuel/bureau physique		
Les collaborateurs travaillent régulièrement sur le même site autour d'activités communes.	L'entreprise met à disposition des locaux professionnels régulièrement occupés.	Gains de performance liés à l'optimisation des modes de coordination du travail et à l'ouverture sur l'environnement extranet et Internet (réseaux, partenaires et clients).
Situation 2 : dominante du bureau virtuel sur le bureau physique partagé		
Les collaborateurs sont très mobiles ou travaillent essentiellement sur site client ou à domicile ; les individus travaillent avec plusieurs équipes et sur plusieurs projets, à petites ou moyennes distances.	Des locaux professionnels communs peuvent exister, mais les rencontres physiques sont brèves, irrégulières ou rares.	Économie de temps et de déplacements, gains d'information, de cohésion et de cohérence portés au bénéfice de l'organisation malgré des effectifs dispersés.
Situation 3 : le bureau virtuel compense l'impossibilité de construire un local commun		
L'équipe est liée à un projet ou à un partenariat dont la vocation est temporaire ; les participants proviennent éventuellement d'organisations différentes et certains sont très éloignés.	L'équipe travaille à moyenne ou à grande distance ; des locaux physiques communs engageraient des coûts très élevés ou seraient totalement impossibles à mettre en place.	Gain absolu quant aux résultats produits par l'équipe : sans bureau virtuel, pas d'équipe et pas de travail produit en commun.

– L'équipe conjugue étroitement les deux environnements (situation 1)

Les participants travaillent dans une proximité relative et alternent les dispositifs de travail et d'échange. Par exemple, une réunion est préparée dans le bureau virtuel : pour prévoir son organisation pratique et son ordre du jour, étudier la documentation et exprimer les premiers avis ; mais elle se déroulera face à face pour une discussion plus approfondie et plus efficace, compte tenu des avancées réalisées en phase de préparation dans le bureau virtuel.

– Le groupe privilégie le recours au bureau virtuel (situation 2)
C'est la situation type lorsque le recours au bureau physique
présente au fond plus d'inconvénients que d'avantages pour
des collaborateurs itinérants ou dispersés : même si les acteurs
estiment utile de se rencontrer dans un local commun, les
contraintes de temps, les coûts et l'énergie nécessaires aux
déplacements paraissent trop élevés. Recourir au bureau virtuel
permet de diminuer les contraintes de trajet ou d'accès aux
ressources, tout en valorisant l'intérêt du travail collaboratif et,
parallèlement, celui des rencontres face à face qui pour
certaines pourront être maintenues. Le bureau virtuel fournit
essentiellement des opportunités pour créer des liens professionnels plus continus et plus denses, en corrigeant éventuellement les tendances excessives à l'individualisme.

– Le bureau virtuel détermine l'existence de l'équipe (situation 3)
Il s'agit de réaliser les performances d'un travail d'équipe en
réunissant les compétences de personnes éloignées. Les plus
forts enjeux portent d'abord sur la définition du projet d'équipe,
sur le rôle du manager et l'engagement des collaborateurs.
Mais ils impliquent aussi que les participants apprennent à
transposer et à améliorer leur pratique du travail en équipe
dans un environnement entièrement virtuel, tout en menant
d'autres activités dans leur environnement habituel.

La dure naissance d'un bureau virtuel partagé

Dans ce grand centre de recherche, le travail à distance est loin d'être une nouveauté, c'est au contraire une tradition. Depuis toujours, des chercheurs enchaînent des missions à l'étranger, pour la plupart en Afrique. D'autres travaillent en laboratoire, à proximité des services de gestion. Ils ne mènent pourtant pas un travail isolé. Tous sont liés au sein d'équipes interdisciplinaires, formées au sein des départements de recherche, en contact avec d'autres organismes scientifiques partenaires en Europe. La situation est claire aux yeux de Gilles L., responsable du service réseaux : aujourd'hui comme jadis, les expatriés sont plutôt heureux d'être éloignés des contraintes administratives ; mais désormais tous souffrent aussi du manque d'informations partagées, de liens trop ténus entre leurs travaux dispersés du nord au sud de la planète.

Depuis quelques années, les services de messagerie Internet ont déjà amélioré la situation – autant que faire se peut depuis le continent africain, qui ne dispose pas de points d'accès à l'Internet aux quatre coins de la savane. Pour tous ceux qui peuvent déjà bénéficier de ce moyen de communication, Gilles L. veut aller plus loin. Il propose des outils de travail collaboratif dont la vocation expressément collective est parfaitement adaptée au travail d'équipe. Pour mener à bien leurs travaux, les chercheurs recourent à de nombreux supports documentaires, ils produisent des textes, des tableaux de mesures, des images photo et vidéo en abondance. Autant dire que l'accès collectif aux documents partagés, discutés à plusieurs et communément mis à jour revêt un intérêt hautement significatif. Côté logiciel et outils de travail collaboratif, Gilles pense avoir trouvé le produit adéquat : solidité de fonctionnement, gamme d'outils assez complète, accessibilité sur le web sans installation technique pour les utilisateurs, possibilité de synchronisation de toutes les informations à distance permettant à chacun de travailler en toute autonomie.

Côté technique tout va bien, mis à part que ce produit – comme la plupart des logiciels de la même famille – suppose un aménagement personnalisé des espaces de travail mis à disposition des groupes. Dossiers, zones de travail, outils, tout doit d'abord être spécifiquement agencé, avant capitalisation puis mise à disposition généralisée de ces « bureaux virtuels modèles », ce qui facilitera les démarrages des prochaines équipes. Mais comment définir l'agencement des premiers espaces de travail partagés, conformément aux caractéristiques du travail de recherche, aux besoins particuliers des utilisateurs ? Pour Gilles, impossible de réunir physiquement tous les chercheurs appartenant à une même équipe : les rencontres de ce type sont bi-annuelles et le planning des journées est toujours archicomble. Dans un premier temps, Gilles s'adresse aux directeurs de département. Ceux-ci sont d'accord pour lancer la démarche et construire quelques plates-formes collaboratives de départ, mais à vrai dire ils sont un peu sceptiques... et confient alors l'aménagement de ces nouveaux bureaux virtuels à leurs assistantes.

Gilles est plutôt soucieux. Il a bien compris les enjeux liés à l'architecture intérieure des bureaux virtuels. Comme dans les bureaux « réels », cette architecture intérieure reflète l'organisation du travail, elle conditionne les façons de disposer des ressources et de travailler. Il est sûr que secrétaires ou assistantes n'ont pas tout le savoir ni la légitimité leur permettant de façonner, à elles seules, l'organisation du travail des équipes de recherche. À ce stade, l'avenir du projet lui paraît inquiétant : travail collaboratif peut-être, mais avec des managers en retrait et de nombreux co-équipiers carrément absents !

Conscient des risques d'échec, Gilles demeure convaincu de l'intérêt du projet. Il n'entend pas abandonner et suit avec attention l'expérience d'un groupe de secrétaires et d'assistantes. Celles-ci vont suivre une courte formation leur permettant de comprendre le fonctionnement des outils. Avec un véritable défi à relever dans un délai d'apprentissage aussi contracté : comprendre l'importance des aspects organisationnels et des facteurs relationnels liés à l'introduction des nouvelles technologies. Les résultats vont alors du pire au meilleur.

Pour le pire : certaines participantes passent des heures, des jours peut-être, à concevoir et réaliser un bureau virtuel partagé... en agissant dans le plus parfait isolement. Ces mauvaises conditions de départ conduisent à une sanction prévisible. Plusieurs chercheurs qui se sont connectés à distance ont trouvé tout à redire sur les choix d'aménagement mis en place, et conclu que tout était à refaire.

Dans un climat général qui vire au découragement, quelques unes des participantes ont pu adopter une autre attitude. En s'appuyant sur des explications reçues en formation, elles ont aménagé une maquette, puis ont mis en œuvre un véritable plan de communication pour faire connaître, tester, ajuster, puis finalement faire reconnaître l'intérêt de leur production. Pour amener leurs managers « surbookés » et les chercheurs éloignés à participer ? Elles ont appliqué avec astuce le principe du « tout est bon », en mêlant contacts de face à face et rencontres à distance : discussions autour du café, explications données par e-mails, démonstrations menées sur place entre deux missions à l'étranger ; sans oublier des invitations à visiter les bureaux virtuels à distance, parfois associées à des essais de chat sur Internet.

Ces initiatives ont donné un bel exemple de changement « bottom-up », finalement couronné par un vrai succès. En effet, c'est à la suite de cet essai transformé qu'une dynamique plus générale s'est amorcée, les espaces partagés essaimant progressivement d'équipes en équipes. Le point de départ donné à la démarche n'en demeure pas moins bien risqué : il a reposé essentiellement sur le tempérament volontaire et l'astuce de quelques personnes. Les premiers groupes de travail ont subi tous les désagréments de l'échec et du doute, fort peu encouragés dans leur démarche d'innovation. Quant à la première réussite, elle s'est avérée bien lente à obtenir et au fond, très dispendieuse. Dans l'ensemble, combien d'énergie et de temps investis pour redécouvrir des règles pourtant simples ? Si l'on veut inventer de nouvelles façons de travailler efficacement sur l'Internet, il vaut mieux associer les personnes directement concernées, sans tenter à tout prix de penser, agir ou décider entièrement à leur place.

Chapitre 8

AMÉNAGER
UN BUREAU VIRTUEL

Lorsque le réseau et les logiciels de travail collaboratif sont en place, la création d'un espace virtuel s'effectue en quelques minutes, à l'aide de commandes simples et sans programmation. Pour en faciliter la construction, certains éditeurs de logiciels proposent des produits qui affichent d'emblée des outils et des dossiers standard – il s'agit, en quelque sorte, d'un aménagement intérieur préfabriqué mais modulaire, à la manière d'un agencement en kit qui peut être rapidement transformé. Cependant, avec la plupart des produits sur le marché, un espace virtuel est totalement vide lors de sa création et ressemble à un local brut de décoffrage, sans cloison ni finition intérieure, sans mobilier et sans occupant.

Cette création d'un espace virtuel en l'état de vide initial est le plus souvent assurée par les services informatiques, car elle se rapporte à des responsabilités plus globales relatives à l'administration du système et à l'intégrité du fonctionnement général. Au bout du compte, les administrateurs de réseau se voient ainsi confier une tâche dont l'exécution est simplissime : générer un espace virtuel à l'aide de quelques clics. Mais ces administrateurs de réseau n'ont pas pour rôle d'intervenir dans l'organisation interne de l'équipe. Dès le départ, ils doivent passer le relais en inscrivant dans le bureau virtuel un ou plusieurs individus qui seront des acteurs directs du travail à effectuer par la suite. Dès lors, les participants inscrits – en général, le manager ou un délégué, éventuellement assisté par un technicien – disposent d'un lieu avec un ensemble d'outils standard qu'ils peuvent actionner de manière autonome depuis leur poste de travail personnel. Cet équipement de base correspond à un tableau de commandes permettant d'organiser le plateau de travail et d'y associer l'équipe.

Figure 3-4 – Genèse d'un espace de travail virtuel :
le vide au démarrage

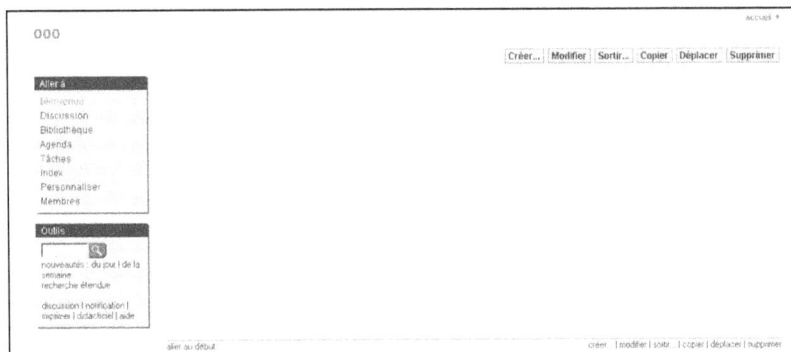

Création d'un espace virtuel avec le produit QuickPlace, IBM Lotus Inc.

Le manager pose les premiers jalons

L'organisation d'un bureau virtuel n'intervient jamais sans une préparation en amont par le manager de l'équipe ou le responsable du
projet. Avec ou sans espace électronique, cette réflexion liminaire
suppose a minima une vision des objectifs et des résultats à atteindre,
ainsi qu'une estimation du processus à mettre en œuvre : son périmètre et sa durée ; les activités à effectuer avec répartition et enchaînement dans le temps ; les rôles et compétences nécessaires sans
parler des autres ressources utiles à la réalisation (budgets,
méthodes, outils…)

La vision globale du processus de travail est sous-jacente à la constitution de l'équipe. Au-delà du diplôme ou de la qualification statutaire, voire de la bonne volonté ou de l'intérêt de chacun, ce sont les
savoirs et les compétences qui vont présider à la composition de
l'équipe. Au démarrage, les personnes sont pressenties par le
manager. Puis l'organisation interne du bureau virtuel va s'effectuer
en cinq étapes principales :

– constituer l'équipe,

– déterminer les rôles des participants,

– définir le périmètre de sécurité de l'équipe,

– structurer l'espace de travail,

– mettre en place l'aménagement initial.

Cette construction par étape associe directement les participants à mesure que la définition du travail progresse.

Composer l'équipe : un acte fondateur

Dans un environnement électronique, l'inscription des membres de l'équipe est une opération simple et guidée par quelques instructions à l'écran. Quel que soit le produit, elle consiste à indiquer les noms, prénoms et mots de passe pour permettre le premier accès. La plupart du temps, il est possible d'exploiter les annuaires d'entreprise pour faciliter cette opération.

La composition de l'équipe est donc nominative. C'est l'un des actes fondateurs qui permettent d'engager la collaboration dans un bureau virtuel. Mais pour favoriser les interactions directes au sein du groupe, une simple inscription ne suffit pas. Bien que l'expression « conjuguer des compétences » soit monnaie courante, on ne relie pas des capacités abstraites mais des personnes qui apportent le savoir-faire et la mobilisation nécessaires. La personnalité de chacun, les alliances et les points communs, les différences et les conflits vont entrer en jeu dans cet espace d'échanges. L'anonymat n'est donc pas de mise dans un bureau virtuel ni même la réserve absolue sur les traits de caractère de chacun. Surtout lorsque les participants se rencontrent peu, les renseignements que chacun voudra bien donner sur lui-même faciliteront l'instauration des relations de groupe. Au départ, l'effort principal consiste donc, *via* l'image et l'écriture, à permettre aux membres de l'équipe de commencer à nouer les contacts. Pour cela ils partageront :

- **les éléments qui précisent leur identité professionnelle.** Ces renseignements facilitent les interactions en permettant de repérer les positions respectives : titre ou fonction officielle dans l'entreprise, qualifications ou domaines d'expertises ;

- **les coordonnées personnelles.** Elles sont utiles pour faciliter les contacts et exploiter les divers médias disponibles : adresse e-mail évidemment, mais aussi adresse postale et numéros de téléphone ;

- **des renseignements plus personnels.** Ils peuvent également faciliter les échanges et la socialisation : résumés de carrière, photos et précisions sur le caractère ou les goûts personnels sont particulièrement appréciables lorsque les participants ne se connaissent pas.

La richesse des informations livrées au départ constitue un point d'appui pour lancer les communications. Ce n'est qu'une étape : les portraits individuels et les impressions vont évoluer au fur et à mesure. Mais le développement des solidarités – en l'occurrence des coopérations professionnelles – suppose que chacun se sente reconnu dans sa singularité et connaisse mieux les autres avant de se reconnaître dans une équipe.

Les atouts identitaires de l'équipe virtuelle

Plusieurs facteurs conditionnent la force d'identification à un groupe et vont constituer des obstacles ou des points d'appui pour l'animation de l'équipe virtuelle. Par exemple, compétitions et conflits internes entraînent l'équipe dans la division. Voici quelques questions à se poser pour estimer les fondements identitaires à partir desquels un groupe de travail peut s'engager positivement dans une démarche collaborative :

Facteurs de renforcement de l'identité collective

Degré d'adhésion aux objectifs communs

Les membres de l'équipe participent-ils par pure obligation ou bien sont-ils volontairement impliqués et authentiquement en accord avec l'objectif de travail ?

Congruence avec les aspirations personnelles

Les aspirations de chaque participant sont toujours subjectives : aspect financier, progression personnelle, prestige social, intérêt intellectuel… Le travail d'équipe va-t-il offrir à chacun les avantages correspondant à ses motivations personnelles ?

Densité des communications liées au travail

Le processus de travail qui engage l'équipe est-il suffisamment consistant pour susciter des interactions nombreuses et fréquentes propres à stimuler les participants ?

Valorisation professionnelle et sociale

La mission est-elle peu considérée ou au contraire apporte-t-elle une forme de prestige social ou de valorisation dans le contexte de l'entreprise ?

Pression de l'environnement

Le groupe fait-il l'objet d'attaques susceptibles de le pousser à regrouper ses forces afin de lutter de façon homogène contre des concurrences extérieures ?

Définition des rôles et des droits

Dans un bureau virtuel, l'inscription nominative d'un participant est associée à deux autres opérations : la détermination de ses *droits d'accès* et *d'opérer.*

Le *droit d'accès*, qui définit évidemment le droit d'entrée dans l'espace partagé, est associé à un système qui assure le *contrôle des accès* : lors de chaque connexion, l'identité du participant est vérifiée à l'aide d'un nom d'utilisateur (en général, son patronyme) et d'un mot de passe qu'il choisit à son gré.

Les *droits d'opérer* sont des autorisations qui définissent les possibilités d'action. Ces droits donnent ou non la possibilité de consulter un document, de lire et écrire dans le bureau virtuel, donc de s'informer, de produire et de coproduire, d'intervenir et de donner des avis au sein de l'équipe.

Techniquement, l'affectation des droits consiste à sélectionner, pour chaque participant inscrit, une suite de possibilités proposées dans une liste ou un menu déroulant. Quel que soit le logiciel utilisé, ces droits sont toujours modulables :

– selon les participants : les uns sont autorisés à consulter les informations sans autre possibilité d'expression. Les autres, membres actifs de l'équipe, disposeront de droits d'action très larges ;

– dans le temps : les droits nominatifs indiqués au départ sont modifiables à tout moment en quelques secondes. Un participant peut partir ou être exclu, un autre rejoindre le groupe, et les droits de chacun peuvent être restreints ou élargis ;

– dans l'espace : dans un bureau virtuel, des zones de travail, des dossiers ou des documents pourront être réservés à certains participants, tandis que d'autres seront ouverts avec des droits maximum à l'ensemble de l'équipe. Chaque élément partagé peut être protégé de façon indépendante, quels que soient les droits d'opérer indiqués au départ.

Privilégier l'autonomie des équipes

L'attribution des droits est le plus souvent présentée comme une astreinte technique à visée essentiellement sécuritaire. Sa signification réelle est de permettre aux participants d'assurer les activités dont ils ont la charge : tous ceux qui sont appelés à contribuer doivent nécessairement recevoir un droit d'action leur permettant de rejoindre l'équipe, d'échanger et d'agir dans l'espace partagé. Il s'agit a priori de droits très ordinaires : consulter ou rédiger un document, ouvrir un dossier, lancer une réunion ou exprimer un avis, opérations qui supposent d'avoir accès aux informations partagées avant d'y réfléchir puis de les traiter. Dans toute équipe, cette autonomie d'action paraît élémentaire. Dans les espaces virtuels, elle est souvent ressentie comme un risque exorbitant : il faut d'emblée, en inscrivant les participants, leur autoriser clairement l'accès à une matière très précieuse, l'information. Pour certains, la perspective fait souffler un vent de panique, et les bureaux virtuels sont alors ouverts... mais avec une limitation maximale des droits attribués aux participants, tous statuts et rôles confondus.

On a vu nombre d'équipes de production travailler dans des espaces communs sans pouvoir ouvrir des dossiers partagés. C'est ainsi que des produits largement répandus, tels Outlook/Exchange ou Lotus/Notes, ont surtout été exploités comme des logiciels de messagerie alors qu'ils sont censés favoriser le travail en groupe. On a vu aussi, dans de grandes administrations françaises, des responsables exaspérés de ne pas avoir le droit d'ouvrir des zones de travail partagé (alors qu'ils organisaient librement des réunions en face à face) ni d'accéder à des documents virtuels (qu'ils obtenaient sans problème quand ils demandaient le document imprimé). En somme, les produits acquis pour favoriser la communication avaient été mis en place de façon à empêcher les échanges dans la phase opérationnelle. De tels effets creusent l'écart entre les objectifs de collaboration définis au départ et les résultats effectivement obtenus. Ils ne proviennent pas d'un défaut des produits de travail collaboratif mais d'un recours abusif à la technique pour contrôler des activités qui devraient être coordonnées par des hommes.

Face au partage des droits d'accès dans les espaces électroniques, les participants comme l'encadrement réagissent en fonction d'une vision plus fantasmatique que réaliste sur l'accès aux informations et le pouvoir qu'elles procurent. Même dans un environnement électronique destiné à renforcer la collaboration, partager n'est pas forcément *tout* partager. Sur papier comme à l'écran, le tri rationnel entre les informations retenues et celles qui sont diffusées demeure toujours sous le contrôle de la personne qui les détient au départ. Une fois partagées, les informations sont effectivement exploitables, sans que leur emploi à bon escient soit forcément assuré. Or, dans un environnement de travail classique, toutes les équipes manipulent une grande quantité d'informations dont l'usage n'est pas strictement réglementé, mais en fait leur exploitation suit des règles implicites. Ces règles dépendent du métier, des responsabilités, du rôle et du statut de chacun : un ingénieur peut émettre des remarques sur un projet qui seraient très mal vues si elles émanaient d'une secrétaire, mais il maîtrise les détails d'un dossier technique mieux que le directeur général qui, pour sa part, détient certaines informations d'ordre stratégique.

Dans les espaces virtuels, ces règles continuent d'exister mais elles doivent être énoncées de façon plus explicite. Les équipes efficaces reconnaissent ouvertement que les pouvoirs d'action sont différents et qu'en conséquence, certaines informations seront réservées et d'autres partagées. Par contre, pour être collectivement exploitables, les droits d'opérer sur une information partagée devront être très ouverts, quel que soit le rôle des acteurs. Prenons un exemple :

– **Les rôles** – Lorsque des ingénieurs élaborent une étude, qu'une assistante met en forme le document et que le chef de projet apporte des correctifs et valide le travail effectué, leurs activités, leur rôle et leurs responsabilités diffèrent.

– **Les droits d'accès et d'opérer** – Pourtant, dans le bureau virtuel, leurs droits d'accès et d'opérer sur ce document devront être strictement identiques, afin que chacun effectue sa tâche avec toute l'autonomie nécessaire. Fonctionnellement, chacun devra pouvoir consulter et modifier le document avec le même niveau de droits techniquement attribué.

– **Les règles** – Ce n'est pas la contrainte technique qui empêche l'ingénieur ou l'assistante de modifier la décision validée *in fine* par le chef de projet : ce sont la conscience et le respect réciproque des responsabilités et des rôles.

Dans un espace collaboratif, les droits d'accès à l'information et les droits d'opérer sur ces informations ne sont pas forcément calqués sur le niveau hiérarchique. L'organisation du travail partagé dans un bureau virtuel affaiblit donc les pures convenances statutaires. Cet état de fait reflète les principes d'organisation qui ont présidé à la conception des produits de travail collaboratif. Ils sont fondés sur la coopération et une participation transversale plutôt que sur la surveillance hiérarchique. En contrepartie, le travail collaboratif précise les activités de chacun, en renforçant la conscience des rôles professionnels et des responsabilités associées.

Délimiter un périmètre de sécurité

En 1989, Peter et Trudy Johnson-Lentz – inventeurs en 1978 du groupware, concept fondateur du travail collaboratif – ont formulé une autocritique de ce qu'ils nomment leur naïveté passée : « *La participation et le partage ouvert ne font pas la cohérence du travail en groupe* »[1], remarquent-ils. À l'épreuve de l'expérience, il s'avère que la mise à disposition d'outils de communication et la volonté de coopération ne suffisent pas et les deux auteurs insistent désormais sur la nécessité de coordonner et d'animer le travail sur réseau. Leur réflexion d'experts rappelle que, sans organisation, les groupes virtuels tendent plus au bavardage qu'à l'efficacité – tout comme dans la vie courante.

On retrouve toute la diversité des comportements humains dans les échanges virtuels : désirs authentiques de partage mais aussi conflits d'intérêts, rivalités internes, individualisme forcené et partenariats opportunistes ne faisant que masquer une concurrence déloyale. Aussi le développement du travail collaboratif s'accompagne-t-il d'une augmentation des craintes et des attentes en matière de sécurité. La nature même de l'Internet renforce les préoccupations : ses concepteurs ont donné la priorité au transport de l'information en toute liberté, sans contrôle des contenus. Tout passe sur les réseaux, le meilleur comme le pire. Si l'on peut discuter sur la définition du meilleur (coopérations, diffusion culturelle, transactions économiques étendues, développement de la libre concurrence), on s'accordera sans peine sur le pire : terrorisme, cybercriminalité, piratages, escroqueries, impostures, contrôle abusif des organisations et des particuliers, atteinte aux libertés fondamentales.

1. JOHNSON-LENZ Peter et Trudy, « *Humanizing Hyperspace* », in The Ecology of media, Fall, 1989. Source Web : http://www.context.org/ICLIB/IC23/JnsnLenz.htm, page consultée en juillet 2002.

Intranet : dangers et parades

À l'échelle de l'entreprise, le fait de considérer les NTIC comme une source de risques conduit, en général, à rechercher exclusivement des parades techniques en matière de sécurité. Effectivement, les moyens de sécurisation des réseaux Intranet offrent désormais un meilleur fonctionnement et des dispositifs de protection contre les attaques extérieures (pare-feux). S'y ajoutent divers mécanismes destinés à assurer la sécurité extérieure mais aussi à l'interne :

- l'intégrité des informations (procédés d'identification et d'authentification, de cryptage, de contrôle des accès, horodateurs...) ;

- l'établissement de systèmes de contrôle et de preuve (signatures électroniques, « journal » c'est-à-dire « traçabilité » des opérations effectuées).

Il est vrai que l'Internet amplifie la portée des risques lorsque des informations peuvent être détournées et diffusées sur la toile. Les dysfonctionnements techniques apportent quant à eux leurs propres dangers : lorsque des informations cruciales sont enregistrées et traitées par voie numérique, la perte des données ou une panne d'accès au réseau sont difficilement supportables. Cependant, la plupart des risques ne proviennent pas des technologies mais de l'usage qu'on en fait, ce qui place les facteurs organisationnels et humains au cœur de l'analyse des risques.

Certains dangers sont liés à la dimension sociale de l'organisation du travail, d'autant que les repères collectifs deviennent flous en période de changement. Sous l'effet de nouveauté introduit par les échanges numériques, les anciens principes qui régulent l'organisation et les comportements sont perdus de vue, car les règles d'application paraissent dépassées, donc superflues ou sans objet, et en tous les cas plus faciles à contourner. C'est ainsi que sans en avertir, certains employeurs surveillent indûment les informations traitées par leurs collaborateurs sur les ordinateurs de l'entreprise. À l'inverse, certains salariés diffusent des informations critiques sur leur société dans un forum privé, alors qu'avec un simple « copier coller », leur message peut être diffusé sur l'Internet et se transformer en rumeur planétaire.

**Figure 3-5 – Comment l'Internet contribue à la réflexion
sur les problèmes liés à l'Internet**

Des témoignages sur les usages de l'Internet au travail ont été discutés dans le cadre de ce forum électronique. La synthèse des échanges et des travaux menés par des juristes est mise à disposition du public sur le Net.

Source : Le Forum des droits sur l'Internet, 2001-2002. http://www.foruminternet.org

D'un côté, les usages changent et les pratiques sont instables ; de l'autre, les règles du droit se transforment afin que la législation réponde aux évolutions économiques et sociales, mais cette transformation se fait lentement. À ce jour, le flou coutumier et réglementaire domine encore au sein des entreprises. L'absence de normes précises laisse un large champ d'expression à toutes les formes d'innovation constructive mais aussi à de multiples dérives du comportement. L'erreur humaine, la malveillance ou la concurrence déloyale ne peuvent être imputées à la technique. La copie d'informations qui porte atteinte aux droits de propriété intellectuelle peut certes relever de l'étourderie mais elle constitue bien plus souvent un acte délibéré. Quant à la noble veille concurrentielle, elle revient assez souvent à ériger le plagiat en système de R & D. Ces problèmes sont probablement bien plus fréquents que les attaques de jeunes *hackers* jouant à pénétrer les systèmes d'information.

On ne saurait donc trop insister sur l'élaboration d'une politique de sécurité orientée vers l'évolution de la culture d'entreprise et la réflexion sur le droit, plutôt que vers le développement (et les coûts) des dispositifs de sécurité exclusivement techniques. Ainsi beaucoup d'entreprises ont repris à leur compte les « chartes d'usage » nées des pratiques de l'Internet non marchand. Mais pour entraîner une véritable adhésion, elles doivent être réellement discutées et élaborées en groupe. Les chartes d'usage sont donc bien adaptées au fonctionnement des équipes et des réseaux qui construisent par eux-mêmes leurs propres règles d'usage. À l'échelle des organisations dans leur entier, le terme « charte d'usage » masque souvent le caractère contraignant de certaines règles énoncées : l'adaptation officielle du règlement d'entreprise constitue alors une mesure bien plus convaincante afin de négocier et légitimer le mode d'emploi des nouveaux outils de communication. Par ailleurs, des opérations de sensibilisation et d'éducation promouvant l'apprentissage sont prioritaires. Les collaborateurs qui identifient les risques personnels et organisationnels liés à l'emploi des technologies numériques sont plus facilement en mesure d'adopter les comportements adéquats. L'évolution des « façons de faire » et l'apprentissage sont liés pour construire une véritable maîtrise collective de l'environnement technologique.

Sécuriser le travail et les échanges

Mais si les principes et les règles de fonctionnement définis pour l'ensemble de l'entreprise sont de portée générale, le niveau d'organisation d'une équipe est particulier. L'équipe est sensible aux risques généraux, toutefois certains dangers varient selon la mission et les enjeux. C'est donc à l'échelle du groupe, dans l'espace de travail qui lui est réservé, que se déterminent l'organisation et les choix de sécurité les plus appropriés.

• Assurer la confidentialité et établir les frontières de l'équipe

Au départ, l'inscription et la définition des droits des participants établissent les frontières de l'équipe. En définissant qui est « in group », l'entreprise détermine aussi qui est « out group » car autoriser des entrées, c'est obligatoirement interdire l'accès à toute personne non inscrite. L'inscription joue un rôle à la fois fonctionnel et symbolique et définit une enveloppe qui protège l'équipe. Les droits d'accès établissent un espace intérieur dans lequel le travail va pouvoir s'effectuer avec un certain niveau de confidentialité et de confiance.

Dans un espace de travail électronique, le contrôle des accès est techniquement assuré par vérification de deux informations combinées : le nom d'utilisateur et le mot de passe. Le premier est attribué par l'administrateur du système mais le mot de passe est librement choisi. La combinaison des deux informations diffère pour chaque utilisateur qui dispose ainsi de « données de connexion » uniques. Lors de l'accès au bureau virtuel, le système vérifie la justesse des données indiquées mais non l'identité réelle de la personne qui se connecte. En conséquence, le contrôle des accès ne repose pas seulement sur la technique, mais également sur le comportement des participants, qui doivent par exemple assurer le secret des mots de passe.

• Clarifier les engagements

Lorsque de forts enjeux sous-tendent le travail d'équipe, l'exigence de sécurité est renforcée. On peut citer notamment tout ce qui touche aux données financières et aux informations relatives aux plans stratégiques, ou bien les travaux de R & D visant une innovation ou le lancement d'un nouveau produit destiné à renforcer le positionnement concurrentiel de l'entreprise, ou encore ceux reposant sur la mise en œuvre d'un secret de fabrication maison, ainsi que les travaux considérés comme des œuvres de l'esprit, engageant de ce fait le droit personnel des auteurs et les droits de propriété et d'exploitation détenus par l'entreprise.

Dans ces différents cas de figure, les équipes virtuelles débutent trop souvent sur une base de confiance et de doutes implicites, ce qui accroît les risques et bloque l'avancée du groupe si la méfiance persiste. Une contractualisation peut renforcer utilement le dispositif de sécurité en permettant notamment le recours aux tribunaux en cas de problème. Ces précautions jouent aussi très fortement à titre préventif, car elles sont l'occasion d'énoncer et donc de clarifier les règles, les engagements et les répercussions éventuelles en cas de problème.

• Prévenir les erreurs de manipulation

La connaissance des outils est en général faible lorsqu'une équipe s'expérimente dans un environnement virtuel pour la première fois.

Le cas échéant, des mesures de protection automatiques (sauve-gardes fréquentes du travail d'équipe, protection renforcée des documents) peuvent renforcer le niveau de sécurité mais une formation ou mieux, un training d'apprentissage en groupe, constitue alors un préalable indispensable. L'apprentissage et le soutien mutuel dans l'action sont des moyens efficaces pour renforcer le niveau d'habileté technique, tout en contribuant à souder l'équipe.

Dans un environnement électronique, le travail du groupe et le fonctionnement du système sont interdépendants. Les droits d'opérer sur les informations doivent être suffisamment étendus pour ne pas diminuer la capacité d'action des participants. En contrepartie, ces derniers doivent faire un effort d'apprentissage. Les mauvais fonctionnements attribués à des défauts techniques sont souvent dus au manque de formation et de pratique des utilisateurs. Pour autant, il n'existe pas de dispositif sans risque de panne. Si l'on augmente au maximum la fiabilité de fonctionnement, les coûts de conception, d'installation et de maintenance du réseau deviennent très élevés. Or, un environnement de travail collaboratif dans sa configuration standard assure déjà une bonne fiabilité. Dans ce contexte, un soutien aux apprentissages et des contacts étroits avec les services informatiques sont de bonnes façons d'accompagner les nouveaux utilisateurs et d'améliorer la rapidité d'intervention en cas de panne effective.

Structurer l'espace de travail

À ce stade, l'espace partagé est créé, les membres de l'équipe peuvent y accéder et les premiers principes de sécurité sont définis, mais le local est toujours vide. Lancer le groupe dans sa phase opérationnelle suppose de définir plus précisément l'organisation commune avant de traduire cette organisation dans l'espace partagé.

L'une des approches les plus stériles pour organiser un bureau virtuel consiste à vouloir identifier d'emblée toutes les informations nécessaires au travail ou à tenter de repérer les flux de communication entre les participants : « communiquer quoi, à qui, en quelle quantité et avec quels outils ? ». Ces questions n'ont aucune vertu organisatrice parce qu'elles ne permettent pas de considérer les informations et les communications dans le cadre même de l'activité à effectuer. Ce sont les résultats recherchés, les situations de travail vécues qui guident les choix de communication des participants. Sur les réseaux numériques comme face à face ou au téléphone, si l'on souhaite favoriser les échanges au sein d'une équipe, on ne peut pas calibrer les communications en modélisant par avance la direction, le nombre ou le contenu des interactions. En ce sens, l'emploi des outils électroniques se calque sur les pratiques habituelles – on choisit de se parler ou de s'écrire, on demande un renseignement de vive voix ou bien on consulte le document de référence rangé dans un classeur – avec des choix élargis à la panoplie de tous les médias.

L'effet structurant va être recherché du côté du processus de travail : dans une équipe, ce sont les activités qui priment et entraînent les échanges qui nourrissent les coopérations et assurent la coordination. La structure interne du bureau virtuel et les choix d'outils qui y seront disposés épousent le déroulement du processus de travail confié à l'équipe. Cette méthode focalisée sur l'organisation vise l'efficacité et s'appuie sur des avantages pragmatiques.

- **Mobilisation des compétences** – L'aménagement du bureau virtuel s'appuie sur le savoir des membres de l'équipe : connaissant leur métier, ils adaptent l'organisation à leur méthode de travail et au but à atteindre. Une équipe marketing bien rodée sait très bien quelles étapes structurent la réalisation de ses enquêtes. Traduire cette organisation dans le bureau virtuel revient à créer les zones de travail correspondant aux étapes qui définissent les activités à réaliser.

- **Autonomie et maîtrise du temps de conception** – En sollicitant directement son savoir-faire professionnel, l'équipe suit sa logique organisationnelle sans se référer à une quelconque méthode informatique. Concevoir l'organisation d'un bureau virtuel, ce n'est pas d'abord s'adapter aux contraintes techniques, mais c'est surtout réfléchir au processus qui dirige le travail d'équipe, avec plus ou moins d'efforts et de détails selon les cas. Notre équipe marketing n'a pas besoin de réfléchir pendant des jours pour établir sa méthode de travail. Mais une équipe de recherche interdisciplinaire, dont les membres se réfèrent à différents concepts et méthodes, aura intérêt à se ménager un temps de réflexion et d'échange pour définir les étapes qui vont structurer l'avancement des travaux.

- **Simplicité, rapidité et flexibilité de mise en place** – L'objectif est de commencer à travailler dans les meilleures conditions sans perte de temps. Il convient de toujours privilégier un aménagement simple et structuré par grandes étapes qui pourra être enrichi au fur et à mesure que les activités et l'expérience progressent. L'aménagement initial fournit alors des repères organisationnels et aide l'équipe à avancer en gardant le cap sur l'objectif. Néanmoins, un processus de travail étant par définition évolutif, le plan de départ présente toujours des décalages par rapport à la réalité : la flexibilité du bureau virtuel permet au groupe de compléter ou de réorganiser son espace de travail, traduisant ainsi sa capacité d'adaptation face aux événements.

Importance de l'aménagement initial

Même si le bureau virtuel est aménagé dans le temps de façon évolutive, la structure de départ joue un rôle essentiel : elle permet à l'équipe de visualiser la façon dont elle a préparé son projet et de tirer parti de cette préparation pour travailler dès le début avec un maximum d'efficacité. Les trois étapes qui vont guider sa mise en place concrète sont résumées ci-dessous :

Aménagement intérieur d'un bureau virtuel en trois étapes	
Organisation	Mise en place
Étape 1 – Cadrer le projet	Compte tenu des objectifs et des déterminants qui vont orienter le travail d'équipe, collecter dans le bureau virtuel tous les documents et les échanges permettant de définir le projet.
Étape 2 – Définir le processus organisationnel	En suivant la logique du processus de travail, créer et ordonner dans le bureau virtuel les zones correspondant aux phases et aux étapes principales qui vont structurer le développement des travaux.
Étape 3 – Identifier les situations de travail et de communication, choisir les outils correspondants	Selon les activités à mettre en œuvre, disposer dans le bureau virtuel toutes les ressources et les outils utiles afin de soutenir la réalisation du processus de travail et de faciliter les échanges.

• **Cadrage du projet dans une « salle de pilotage » (étape 1)**

La détermination des objectifs est le facteur essentiel pour engager la collaboration, impliquant l'engagement actif vers un but commun. Tous les éléments complémentaires qui expliquent les déterminants du projet permettent à l'équipe de cadrer son action en fonction du système d'atouts et de contraintes défini par l'entreprise. Dans l'exemple suivant, le manager a consigné les objectifs dans une note de cadrage. L'information de l'équipe est complétée par des précisions sur les budgets, par une note détaillée sur les autres ressources disponibles et par un calendrier des échéances.

Figure 3-6 – Objectifs et cadrage du travail d'équipe

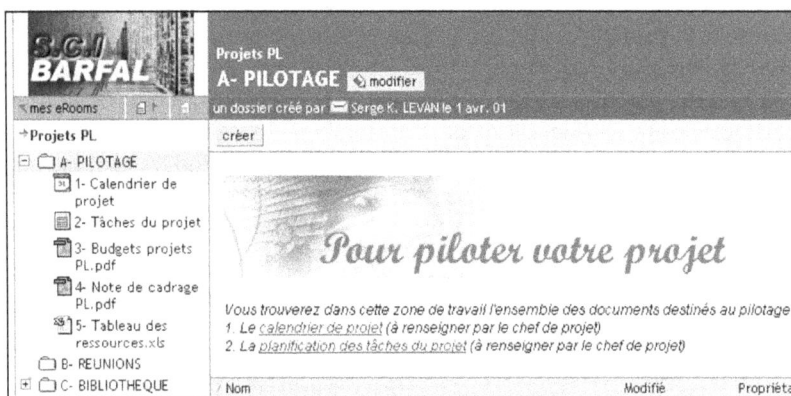

Un dossier réservé au « Pilotage de projet » : une « Note de cadrage » pour définir le projet, des documents utiles à la maîtrise des budgets et de l'ensemble des ressources consommées, un calendrier de groupe destiné faciliter l'organisation dans le temps.

Source BARFAL – MAIN CONSULTANTS, 2002, produits eRoom Technology, Inc.

• **Processus : créer des zones d'activités structurées (étape 2)**

Dans beaucoup de métiers, les chaînes d'activités sont sous-tendues par des méthodes de travail bien ancrées, des procédés industriels établis ou des procédures légales obligatoires. Dans ces cas de figure, les principales étapes du processus dépendent en grande partie de connaissances et de normes d'action stables. Par contre, les activités innovantes ou reposant sur des croisements d'expertise supposent que l'équipe élabore un nouveau processus correspondant aux particularités du projet.

Dans tous les cas, le modèle de processus défini en équipe donne les meilleurs repères pour donner sa structure à l'espace de travail partagé. Dans l'exemple ci-dessous, l'entreprise souhaite ouvrir son premier site Web et confie à une équipe la réalisation du projet. Cinq grandes phases de projet sont identifiées pour définir à maille large le processus permettant de concevoir, mettre en ligne puis alimenter le futur site Web, et l'espace de travail partagé est aménagé en conséquence.

Figure 3-7 – Un choix de structure

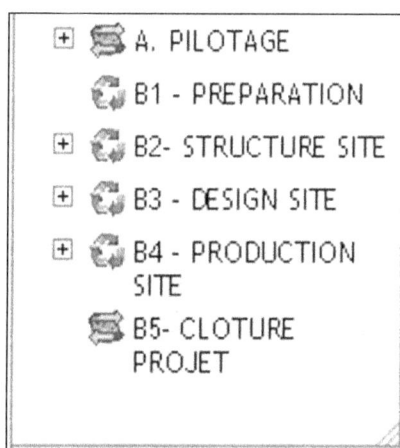

La salle de PRÉPARATION est destinée à recevoir tous les échanges et informations utiles à la définition du projet. Agencée dans un ordre chronologique, la zone de TERMINAISON permettra de réunir toutes les opérations nécessaires au bouclage du processus. Les trois dossiers intermédiaires STRUCTURE, DESIGN et PRODUCTION du site, indiquent à mailles larges les trois domaines d'activité qui donnent son armature au travail d'équipe.

• Choisir les outils pour travailler et communiquer (étape 3)

Dans un espace de travail virtuel, les zones d'activités se présentent comme une suite d'icônes et de titres couramment appelés « dossiers ». En se référant à cette notion très répandue de dossier, la plupart des équipes tendent spontanément à structurer l'espace de travail à l'image d'une bibliothèque, sorte d'étagère virtuelle sur laquelle sont classés des documents numériques. Que les dossiers soient cartonnés et renferment des papiers ou qu'ils soient électroniques et contiennent des fichiers, la méthode employée est fondamentalement la même.

Les zones d'activités d'un bureau virtuel exploitent la notion de dossier dans une perspective nouvelle et différente, le « process folder » : il s'agit de regrouper dans un même espace l'ensemble des outils et des ressources nécessaires à une suite d'activités cohérentes, sans se limiter à une approche documentaire. Chaque espace correspond ainsi aux situations de travail vécues en équipe, et le choix des outils de communication nécessaires s'effectue en conséquence. Si l'équipe veut mener des réunions de travail, planifier son activité et recourir à une documentation partagée, les outils correspondants seront réunis dans le même « process folder ».

Dans l'exemple suivant, l'équipe exploite cette notion pour se doter de tous les outils utiles à la conception d'une enquête.

Figure 3-8 – Agencement d'un « process folder »
dans une zone d'activité

Un ensemble de ressources disposées dans une même « process folder », le dossier « Phase I – Conception » : document de présentation générale, réunions de travail, un questionnaire pour recueillir les avis avant décision, un gestionnaire d'activités pour construire le plan d'action avec échéancier.

Source Club Informatique HLM – MAIN CONSULTANTS, 2002.

Lorsqu'on organise un espace virtuel, il est toujours possible de classer les documents, dossiers et outils dans une longue suite thématique, alphabétique ou chronologique. Il existe une autre possibilité si l'on considère le bureau virtuel comme un espace où il est bon de tout avoir « sous la main » : à l'écran, on cherche alors à rapprocher les objets et les documents qu'il sera pratique d'utiliser ensemble en les repérant d'un seul coup d'œil.

Dans l'exemple suivant, il s'agit de tirer le bilan d'une action de formation au moyen d'une réunion d'évaluation, tout en facilitant l'accès aux documents qui apportent des éléments d'information.

Figure 3-9 – Zones de travail mitoyennes pour appréhender l'information d'un coup d'œil

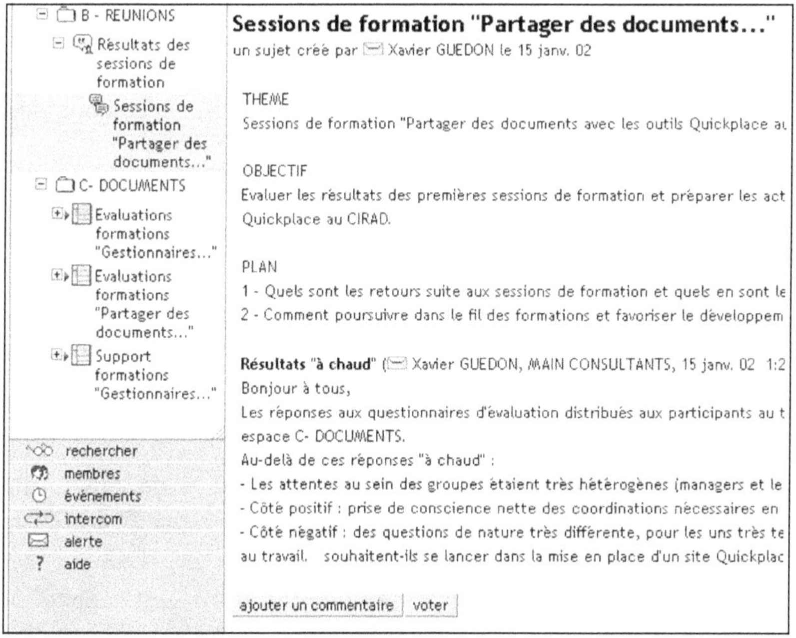

Les participants évaluent les résultats d'un cycle de formations. La réflexion (discussion en Salle de réunion) est documentée à l'aide de fiches d'évaluation (recueillies lors des sessions de formation et progressivement collectées dans le dossier Documents). La Salle de réunion jouxte alors le dossier Documents, afin que les participants appréhendent toute l'information utile d'un coup d'œil.

Source e-consulting MAIN CONSULTANTS – Agencement avec le produit de travail collaboratif e-Room Technology, Inc.

Combiner différents outils

Selon le produit utilisé, les outils disponibles et les choix ergonomiques peuvent être très différents. Mais la gamme fondamentale des outils de communication est générique, et leur emploi répond à des règles générales.

• **Deux outils privilégient le travail en coopération** et doivent être sélectionnés pour faciliter le partage des ressources :

  – les bibliothèques : à mettre en place pour le partage de documents déjà produits (ressources documentaires collectées par l'équipe) ou en cours de production (documents de travail élaborés par l'équipe) ;

  – les réunions électroniques : à lancer en suivant les objectifs d'échanges en substitution ou en complément des réunions traditionnelles (réunions d'informations, échanges d'idées, résolution de problèmes, discussions argumentées pour aide à la décision, etc).

• **Deux outils privilégient le travail en coordination** et sont pertinemment mis en place lorsque l'équipe recherche plus de cohérence dans le déroulement de ses actions :

  – les calendriers : régulation et suivi du temps personnel géré individuellement et du temps de travail géré collectivement ;

  – les gestionnaires de tâches : régulation du temps imparti par activité et par acteur, et suivi collectif du compte rendu des travaux.

La conception de chaque outil générique exprime donc une finalité spécifique. Mais les outils se combinent pour épouser la diversité des situations de travail et de communication. À titre d'exemples :

  – un calendrier de groupe se combine à un gestionnaire de tâches pour un suivi coordonné du planning, des délégations et des échéances ;

  – une réunion électronique se poursuit par messagerie lorsque deux interlocuteurs veulent prolonger la réflexion et discuter en aparté d'un point particulier ;

  – une réunion électronique complète une bibliothèque virtuelle lorsque les auteurs veulent discuter de la teneur d'un document rédigé en commun.

La combinaison des outils paraît complexe au départ. Pour beaucoup, cette diversité est déroutante car, a priori, l'outillage informatique est perçu comme une instrumentation normative : tel « champ de saisie » correspond à un type d'information unique, telle fonction d'un logiciel doit être utilisée pour une tâche particulière, etc. *A contrario*, les outils de communication électronique s'utilisent comme le papier ou le traitement de textes : ce n'est pas le support qui indique ce qu'il faut faire ou écrire. Les possibilités d'action et d'expression sont maximales et une fois comprises les finalités générales d'usage, seule la situation indique ce qu'il convient de faire avec l'outil adapté. Tout professionnel apprend plus ou moins empiriquement à distinguer le meilleur usage du média téléphonique ou de l'écrit. Avec les médias électroniques et dans les situations courantes, c'est le bon sens qui prime : à notre connaissance, aucune équipe novice n'a lancé de réunion avec un gestionnaire de tâches lequel s'impose plus logiquement pour préciser la répartition du travail. D'autres applications supposent des apprentissages construits plus sciemment, par exemple, la recherche, la collecte et l'exploitation d'informations sur le réseau Internet, ou bien l'animation de réunions virtuelles qui suppose également des savoir-faire nouveaux afin de lancer et de réguler les échanges de façon efficace.

Icônes et mots clés pour se repérer

Les membres d'une équipe ont besoin de se repérer rapidement dans le bureau virtuel. À cette fin, la plupart des produits de travail collaboratif proposent un affichage des informations sous forme d'icônes qui jouent le rôle de marqueurs visuels et contribuent à clarifier l'aménagement du bureau virtuel. Les icônes symbolisent ainsi chaque type d'élément partagé. Ce sont de pures conventions graphiques aisément repérables : un rectangle, par exemple, représente couramment un dossier contenant des documents, une ampoule va figurer la boîte à idées du groupe ; l'image d'une montre précisera que dans cette zone d'activité, les participants devront surveiller les délais. Si les icônes sont faciles à appréhender au premier coup d'œil, leur signification demeure trop floue lorsque les participants recherchent des informations précises. Le choix des mots demeure un moyen essentiel pour organiser le bureau virtuel. Les zones de travail, les informations et les échanges y sont principalement désignés et perçus en fonction des titres.

- La typographie utilisée facilite le repérage. De tels détails, qui peuvent paraître dérisoires dans l'organisation traditionnelle, pèsent à l'usage dans les mondes virtuels où tout s'appréhende visuellement : des dossiers avec certains titres en majuscules, d'autres en minuscules ou comportant des chiffres, risquent de prêter à confusion et de nuire à la cohérence générale.

- Le vocabulaire reflète directement les catégories mentales à partir desquelles une équipe comprend et organise son travail. Deux salles « carrosserie » et « mécanique » représentent des activités précises pour un constructeur automobile mais elles n'auront aucun sens ni utilité dans un univers professionnel différent.

En ce domaine, l'essentiel tient à la définition partagée des activités et du vocabulaire employé, afin d'établir des repères compréhensibles collectivement. De façon générale, dans un espace virtuel, le partage efficace ne réside pas seulement dans l'intérêt commun relatif aux « contenus », qu'il s'agisse de documents, d'informations brèves ou d'échanges soutenus. L'organisation commune du bureau virtuel conditionne l'efficacité du travail collaboratif qui s'y déroule. Cette organisation dépend de déterminants sémantiques et il est important de s'accorder avant tout sur le sens du travail et le choix des mots.

LES POINTS CLÉS À RETENIR

① **Connaître et maîtriser l'environnement de travail électronique : pas de travail efficace pour une équipe sans repères dans ce nouveau milieu.** – Le travail des équipes en réseau se déploie dans un monde électronique qui modifie les représentations habituelles de l'espace physique. Pour agir efficacement, l'équipe doit savoir comment contrôler ses actions et ses échanges de façon autonome, sans se croire soumise aux diktats de la technique ni être déroutée par les particularités des réseaux et de l'Internet.

② **Concevoir les intranets d'entreprise comme des bureaux de travail : ce sont des lieux d'échange et de travail humain, pas uniquement des bases de données ou de documents.** – Dans un bâtiment neuf, on ne commence pas à travailler dans un local en l'état brut de décoffrage. C'est pareil dans un bureau virtuel. Les outils de travail doivent être disposés dans un espace aménagé en fonction des échanges et des activités à mettre en œuvre. Les plateaux de travail collaboratif sont mis en scène pour que les acteurs puissent ensemble jouer leurs rôles et exercer leur métier.

③ **Aménager le bureau virtuel en fonction du contexte de travail : l'aménagement des bureaux virtuels n'est pas standardisé, il est flexible et personnalisable.** – Les outils de travail collaboratif ont une vocation généraliste, parce que certains phénomènes de communication sont communs à tous les groupes humains. Pour autant, les situations de travail, les activités et les personnes en présence sont bien spécifiques. Les bons produits de travail collaboratif permettent de singulariser l'aménagement du bureau : ce sont les objectifs et les processus de travail de chaque équipe qui en guident la mise en place.

④ **Aménager le bureau virtuel en 3 points et 5 étapes : pas de mise en place technique sans penser l'organisation du travail en groupe.** – La préparation est une phase vitale pour une équipe virtuelle : les participants commencent à définir les buts communs, les rôles et les responsabilités respectives, puis les façons de travailler en collaboration. L'aménagement du bureau prend simultanément en compte les 3 points organisationnels, relationnels et techniques lors de chacune des 5 étapes :

1. Inscrire les participants lorsqu'ils engagent les échanges sur le projet commun ;
2. Définir les droits d'accès aux informations selon la distribution des rôles décidée en équipe ;
3. Déterminer le périmètre de sécurité de l'équipe selon les enjeux et des risques estimés ;
4. Structurer l'aménagement du bureau virtuel en fonction du processus de travail ;
5. Disposer les outils selon les besoins de partage et de coordination qui résultent des situations de travail et de communication vécues en équipe.

Quatrième partie

Animer et coordonner
un travail d'équipe

A vant de s'engager sur une autoroute, personne n'oublie de choisir la destination, d'étudier le meilleur itinéraire, de vérifier la mécanique ou de prévoir des étapes pour refaire le plein d'essence. Par certains côtés, le parcours d'une équipe ressemble à un long trajet en voiture. La plupart des équipes procèdent de la même manière : elles se concentrent sur l'objectif, l'accès aux ressources, la planification du travail par étape… et tout le monde pense que cette préparation suffira à assurer un bon résultat. Dans la pratique, il en va souvent autrement. Certaines ressources prévues font défaut, diverses incompréhensions altèrent la bonne marche du travail, des problèmes ou des événements imprévus modifient le plan prévu. Conséquences : les coûts, les échéances ou les critères de qualité ne sont pas respectés. Incidents, diversions, nouveautés ou obstacles, tout semble perturber la conduite du projet et le déroulement du processus de travail.

Si la pensée des organisateurs est dominée par des modèles d'organisation rationnels, stables et clairs, dans la pratique, la saisie des opportunités et la lutte contre les aléas dominent largement. S'informer sur les incidents et en informer les autres, s'adapter aux événements, échanger et se coordonner pour résoudre les problèmes, voilà les actions qui occupent une bonne part des activités de l'équipe. Là encore, le processus de travail présente des analogies avec un trajet automobile : le conducteur évite un piéton qui traverse inopinément, se repère face au danger grâce aux panneaux de signalisation, change d'itinéraire pour échapper aux embouteillages… Une équipe virtuelle répond aux mêmes principes d'ajustement : elle doit agir là où c'est nécessaire, se décider rapidement et réagir au bon moment. À l'inverse des démarches qui fixent une planification rigide du travail, l'équipe virtuelle met en évidence la dimension dynamique des processus qu'elle pilote. Quand l'équipe entre en phase active, ce sont les conditions locales qui l'emportent. Le bon déroulement du travail dépend alors aussi bien de la connaissance des buts et des chemins prévus sur la feuille de route que des aptitudes à déceler et à comprendre les informations qui arrivent en flux continu ou encore des facultés d'action et de réaction qui seront mises en œuvre pour réagir aux événements et parvenir au but fixé dans les meilleures conditions.

Dans la réalité, les processus collectifs s'avèrent évidemment plus compliqués que la conduite d'une voiture. Dans une équipe virtuelle, le pilote n'est pas seul à prendre les décisions et à agir : les coéquipiers doivent agir en interdépendance et se comporter comme un organisme unique. Mais parce que les expertises, les lieux ou les horaires sont différents, le travail repose aussi sur une bonne part d'autonomie individuelle. Cependant, l'individualisme ou la dispersion sont des risques permanents car les initiatives personnelles peuvent faire dévier l'action. De ce fait, n'en déplaise aux amateurs de consensus mou, une telle équipe doit être dirigée tout autant qu'une autre. Cependant les procédures totalement prédéterminées sont à bannir car il est impossible de prescrire à l'avance la façon dont l'équipe devra s'adapter et moins encore ce qu'elle sera amenée à inventer et la manière dont elle devra s'y prendre.

Un tel management ne peut pas non plus s'effectuer sur une base strictement hiérarchique : lorsque les membres de l'équipe savent agir en prise directe avec les problèmes et à bon escient, ils n'ont pas besoin de recevoir des ordres qui, d'ailleurs, ne seraient pas forcément pertinents. Une équipe compétente réunit des savoirs très différents et ses membres sont souvent les mieux placés pour juger des actions à entreprendre. Autant dire que les clés de l'action efficace et de la juste décision ne sont pas toutes détenues par le responsable de l'équipe.

Dans ces circonstances, les hiérarchies formelles et les rigidités statutaires sont mises à mal. Dans une entreprise qui cherche à contrôler ses coûts et à agir vite dans un environnement compétitif, les longues chaînes hiérarchiques ralentissent la prise de décision et le passage à l'action. Certaines activités d'encadrement se révèlent improductives quand une équipe agit plus efficacement par des voies directes et transversales. Dans un bureau virtuel, les acteurs s'organisent par relations directes avec le manager qui joue son propre rôle *dans* l'équipe et non au-dessus. Cela n'exclut pas qu'il ait une vue d'ensemble plus large et qu'il soit amené à arbitrer des décisions ou à taper du poing sur la table mais, au sein des équipes virtuelles, l'autorité ne s'appuie pas essentiellement sur le pouvoir de contrainte ; lorsqu'une structure hiérarchique formelle est maintenue, elle a peu d'échelons et les décisions se prennent en circuit court.

Cette situation est assez nouvelle par rapport à l'encadrement traditionnel et les managers sont fermement poussés au changement lorsque les équipes ne s'abritent pas derrière les décisions hiérarchiques pour piloter l'action. Or, si le comportement des managers doit évoluer, on oublie trop souvent que les équipes sont engagées en toute réciprocité dans le même mouvement.

Chapitre 9

PAS DE LEADERSHIP
SANS MEMBERSHIP

Certains managers fondent l'essentiel de leur rôle sur l'exercice du pouvoir hiérarchique et pour eux, l'affaiblissement de ce pouvoir est ressenti comme une perte. Simultanément, d'autres formes d'autorité assimilables à des pouvoirs d'influence sont mises en valeur dans les nouvelles formes d'organisation. Depuis quelques années, l'accent est mis sur les qualités charismatiques du manager, ce qui bouscule d'autant plus la position des cadres et des dirigeants. Être un leader ou ne pas l'être ? Pire, comment le devenir quand on ne l'est pas ? Et d'ailleurs, s'il faut être un leader, comment l'être dans un univers de relations virtuelles ? Pour conduire une équipe via un espace de travail électronique, l'autorité va puiser aux diverses sources qui vont s'exprimer sur les réseaux avec plus ou moins de netteté, avec des pouvoirs qui vont se répartir autrement.

Deux sources d'autorité sont notablement affaiblies dans les espaces virtuels. Tout d'abord l'emprise relationnelle qu'exercent les leaders et ensuite la légitimité statutaire du supérieur hiérarchique, déjà fort décriée. Cependant, ces deux formes d'action sur autrui continuent de jouer sur les relations au sein de l'équipe virtuelle.

• Exercice du leadership

L'expression du leadership passe essentiellement par le comportement. Or, les attitudes, la voix, les regards et les gestes qui emportent l'adhésion ne sont pas perçus sur les voies de communication électronique. Le leadership, si on l'entend comme une sorte d'ascendant personnel, ne peut guère s'exprimer via les échanges électroniques, du moins *lorsqu'on utilise uniquement ce moyen de communication*.

Au sein des équipes virtuelles qui travaillent à grande distance, les coéquipiers ne sont pas appelés à se rencontrer fréquemment. Dans ce cas, les responsables qui fondent leur autorité sur l'emprise relationnelle et leur ascendant physique se sentiront totalement déroutés. Néanmoins, certaines personnes sont susceptibles d'exercer ce type de pouvoir à distance quand leur titre ou leur notoriété influence les participants. Dans ce cas, leurs prises de position ou leurs écrits feront autorité même si leur avis est donné à l'écran sous la forme d'une suggestion et non d'un ordre.

Au sein des équipes mixtes qui travaillent à la fois dans des espaces virtuels et face à face, le même phénomène jouera à plein : un manager dont le leadership est reconnu produira un impact de même nature lorsqu'il s'exprimera sur le réseau. Pourtant, ce type d'emprise tend à s'affaiblir car les participants, régulièrement soustraits à l'influence immédiate du leader, vont manifester plus de distanciation émotionnelle face à l'écrit.

• **Légitimité statutaire**

Sur les réseaux, le statut social ou professionnel devient lui aussi moins perceptible parce que certains attributs physiques associés au pouvoir ne sont plus apparents. Les managers qui tiennent avant tout aux *signes* du pouvoir seront sans doute mal à l'aise dans les échanges virtuels. Lorsqu'un directeur général s'exprime dans un forum, pas de bureau (luxueux), de fauteuil (impressionnant) ni de ton de voix (impératif) qui puisse faire valoir sa position d'autorité. Cependant, la force du statut est toujours présente dans un espace virtuel : les écrits du directeur général seront appréhendés en fonction de sa position de décisionnaire et son statut donnera toujours un poids plus particulier à ses écrits.

• **Sanctions et récompenses**

Une autre source classique de l'autorité provient du pouvoir d'interdire, de sanctionner ou de récompenser. Elle conduit à cette forme bien connue de management consistant à manier alternativement « la carotte » et « le bâton ». Cette méthode de commandement régresse dans les équipes virtuelles car l'organisation en réseau, qui favorise l'autonomie et la flexibilité, ne facilite ni le paternalisme, ni la coercition, ni le recours à des règles immuables. En effet, de nombreuses équipes sont composées d'entreprises différentes, avec des cultures, des grilles de rétribution et des règlements propres à chacune. La carte des interdits, sanctions et gratifications institutionnelles est brouillée. L'attrait des rémunérations, les perspectives de progression de carrière, les règles de contractualisation et de droit jouent quand même, au même titre que dans n'importe quelle équipe mais, dans le travail quotidien, ce sont plutôt les relations personnelles qui priment. Les équipes virtuelles qui pratiquent peu de face à face sont très sensibles aux mots échangés à l'écran. Lorsqu'un responsable exprime sa satisfaction à l'un des collaborateurs sur le réseau, il établit une relation de reconnaissance du travail accompli. Cela ne veut pas dire que les équipes se satisfont de belles paroles : elles ne sont pas détachées du système économique et social, et leur mobilisation dépend aussi de gratifications tangibles.

L'autorité validée par des compétences reconnues

Si certaines formes de pouvoir s'affaiblissent sur les réseaux, d'autres sources d'autorité s'expriment très fortement : il s'agit de l'autorité conférée par l'étendue du réseau relationnel, par l'apport d'informations et par les compétences.

Du fait que le manager représente toujours l'équipe à l'extérieur, il est appelé plus que tout autre membre à mobiliser son réseau de connaissances pour accroître les possibilités d'informations et d'actions. Dans cette perspective, les outils de communication électroniques soutiennent une extension forte du pouvoir d'action des managers, autant pour élargir leurs sources de compréhension et leurs prises de contacts, que pour partager ces ressources au profit du travail d'équipe. Le savoir et l'expérience constituent aussi des sources importantes de légitimité pour le responsable, tout comme elles légitiment la place et le rôle des participants. Les connaissances étant largement distribuées au sein des équipes virtuelles, le responsable sera souvent confronté à des experts plus compétents dans leur domaine. Même si le manager qui « connaît le métier » renforce toujours sa position, dans un espace virtuel, sa compétence repose plus fortement sur les ressources et les savoirs expressément liés à ses rôles managériaux. Son assise repose ainsi plus particulièrement sur son aptitude à développer le potentiel de l'équipe, à canaliser les efforts vers le résultat visé et, le cas échéant, à résoudre des problèmes qui dépassent le rayon d'action et les responsabilités de l'équipe. Son travail demeure nécessaire avant tout par rapport à l'intégrité du fonctionnement collectif. Dynamiques, flexibles et autonomes, les équipes virtuelles doivent impérativement conserver leur cohérence. À défaut, le travail d'équipe se fragmente et toute perspective de résultat disparaît. Pour maintenir le cap, il convient donc de renforcer certains rôles du management :

- la vision et le cadre d'action : donner les perspectives, préciser l'objectif, fournir un cadre et des moyens d'action structurants ;
- l'animation : insuffler une dynamique de travail en agissant sur les relations au sein de l'équipe et sur ses interactions avec l'environnement ;
- la coordination : articuler en continu les acteurs et leurs activités ;
- le contrôle : assurer une maîtrise globale du processus passant par la mesure des résultats et les décisions qui permettent sans cesse de réajuster l'action en vue des objectifs.

Du contrôle à l'autocontrôle

Les échanges et les pouvoirs étant plus ouverts dans les équipes virtuelles, les rôles sont aussi plus largement distribués. Le manager apporte des informations mais l'équipe en apporte d'autres qui peuvent être cruciales ; quand une stratégie est décidée, l'équipe peut la faire évoluer ; le top management décide des orientations, mais les individus et l'équipe opèrent des choix dans l'action, et en cela contribuent aux orientations ; le manager contrôle, mais l'équipe tend vers plus d'autocontrôle. Une telle répartition des rôles engage non seulement le manager mais aussi tous les membres de l'équipe dans un changement d'attitudes et de comportements.

• Dépasser les luttes de position

Le responsable qui recueille beaucoup d'informations et les partage stimule la dynamique des échanges et pousse les participants à l'action. Par contre, s'il retient l'information et bride les échanges, il risque fort de ne pas être tenu au courant de ce que fait l'équipe. Entre les membres de l'équipe, les attitudes corporatistes, l'individualisme et les compétitions internes nuisent à la coopération. Mais l'évolution des rapports sociaux entre le manager et son équipe est sous-jacente à l'exploitation effective des outils de communication. Les antinomies de principe entre les positions de chef et de subalterne sont elles aussi des obstacles : les groupes qui ne parviennent pas à les dépasser bloquent les échanges, quelle que soit la qualité des outils de communication mis à leur disposition.

• **Partager les responsabilités**

Des informations rapides et précises accroissent la maîtrise des variables qui commandent la prise de décision, y compris lorsqu'il s'agit d'opérer un choix opérationnel. Par exemple, lorsqu'une équipe contrôle régulièrement l'avancée des travaux, elle se donne des indicateurs et se place en meilleure position pour anticiper un problème ou diagnostiquer une difficulté. L'échange continu d'informations stimule l'initiative et donne plus d'autonomie aux membres de l'équipe en distribuant plus largement les responsabilités... et le stress. Chacun est responsable auprès de ses coéquipiers – et pas uniquement auprès du leader institué. L'équipe construit un système de relations dans lequel chacun est reconnu au vu de sa contribution. Cette forme de responsabilité répartie explique que chacun puisse y trouver une voie de développement personnel, étant reconnu pour ce qu'il fait. Mais une telle démarche comporte des exigences : le manager est tenu d'atteindre les objectifs et l'équipe s'engage à obtenir les résultats attendus.

• **Être actif**

Dans les espaces de travail virtuels, la vision des résultats est partagée. Lorsque l'équipe est active, la compétence s'exprime visiblement sur les réseaux. Corrélativement, celui qui ne se manifeste pas montre son inactivité et fait douter de ses compétences. Prenons un exemple : dans une réunion face à face, un participant peut assez aisément se limiter à faire acte de présence. Même s'il n'écoute rien et ne dit rien, voire ne comprend rien, il peut feindre la concentration en prenant des notes. Dans une réunion électronique, celui qui ne veut rien dire ou n'a rien à proposer ne perd pas de temps à faire acte de présence. Mais si dans la durée d'un travail d'équipe, il n'apporte pas de contribution pertinente, s'il n'écrit rien, le silence médiatique parle à sa place, et l'absence de résultat est criante. On ne peut que reprendre la remarque de Lipnack et Stamps : « *les équipes virtuelles ne sont pas la panacée pour les équipes qui ne travaillent pas* »[1] et en ajouter une autre : celui qui travaille sans communiquer donne aussi l'impression de ne pas travailler.

---

1. LIPNACK Jessica, STAMPS Jeffrey : « Virtual teams are not a panacea for teams that do not work », in Virtual Teams, People Working Across Boundaries with Technology, John Wiley, New York, 2000, introduction page xxviii.

Le choix d'une mutuelle : des équipes transversales
réparties partout en France

Partout en France, les adhérents de cet organisme mutualiste manifestent une fâcheuse tendance : ils préfèrent les produits concurrents proposés par diverses sociétés d'assurance. Érosion des adhésions, érosion des budgets : la direction entend réagir au plus vite en concevant de nouvelles offres attractives, sous contrainte d'efficacité et d'une rigueur économique maximales.

Depuis plusieurs années, des outils de travail et de communication en réseau sont en place, mais ils ne sont pas réellement exploités. Prenant appui sur ce dispositif technique déjà opérationnel et à usage désormais élargi, la direction décide de déployer une grappe de projets nouveaux, impliquant des gestionnaires comme des collaborateurs de terrain. Un principe guide la démarche : puisque le savoir-faire et le succès s'acquièrent surtout dans les sections départementales – au contact des adhérents – plutôt que dans les bureaux du siège à Paris, la direction décide de confier chaque développement de produit à des équipes transversales, dont les membres sont répartis partout en France. Composé des directeurs, de plusieurs cadres et des responsables de projets, un comité est chargé de piloter l'ensemble du projet.

Travail en réseau, management par processus de projet, l'organisation de la mutuelle est devenue très « tendance ». Pour le comité de pilotage, la situation est assez inédite. Qu'il s'agisse de travailler en face à face ou en réseau distant, l'équipe de pilotage réunit le top management, des cadres de niveau hiérarchique intermédiaire, mais aussi plusieurs personnes qui ne sont pas situées bien haut dans l'échelle des statuts et des salaires. Comment vont-elles s'autoriser à prendre la parole, à affirmer leurs arguments et leurs initiatives ?

Dès les premiers mois, le comité de pilotage entre en mini-crise. D'accord, certains opérateurs de terrain apportent des contributions pertinentes, cela leur ouvre de nouvelles possibilités de développement de carrière et de progression personnelle. Oui, mais que vont devenir les cadres déjà en place, devant ce management par projet qu'ils ne connaissent guère ? Devant cette transversalité qui signifie une montée en puissance du pouvoir d'action des opérationnels ? Le comité de pilotage mène le débat sous forme d'une réunion électronique, et dans le feu de la discussion, les inquiétudes explosent, avec des arguments et des prises de positions antagonistes. Le directeur général choisit de rassurer, tout en posant clairement un challenge. Il rappelle que les cadres n'ont pas été nommés sur titre mais en raison de leur compétence, et ont, à son avis, toute l'aptitude nécessaire pour s'adapter au changement. Les rôles managériaux bien assumés ne sauraient donc entraîner une altération de la position statutaire ou de la hauteur des rémunérations.

En voyant s'éloigner le spectre d'une révolution imminente, l'encadrement vit la pression du changement mais se montre plus ouvert : faire évoluer le management, oui, mais sous quelle forme ? Quelques faits concomitants alimentent la réflexion, dont un incident advenu lors du lancement d'un groupe projet. Clairement décidé en comité de pilotage depuis plusieurs semaines, ce projet attend toujours le premier signe de démarrage. Les participants pressentis se questionnent devant cette inaction, et certains ricanent en rappelant que le travail en réseau devait permettre de travailler plus vite... Quelques rumeurs bruissent dans les couloirs et des remarques circulent dans les discussions virtuelles menées sur le réseau. Que s'est-il passé ? Le responsable de projet attend que le top départ soit donné par la voie hiérarchique. Bien que participant au comité de pilotage, ce responsable se tient aux règles habituelles du commandement. D'autant plus que son directeur, homme respecté, est connu pour son caractère hautain et son tempérament colérique. De son côté, le directeur concerné produit justement une effort de changement : il a considéré que la décision du comité de pilotage était claire, légitime, et n'a pas jugé utile de donner des ordres complémentaires.

Le malentendu est facilement levé dès lors que l'un et l'autre acceptent de se parler du problème et de leurs attitudes respectives. Le comité de pilotage énonce plus nettement un changement dans les règles du jeu décisionnel. Il souligne la valeur de la communication, en mesurant combien les structures verticales et les cloisonnements sont dans les têtes, et pas seulement dans le dessin de l'organisation. Vouloir moins de pyramides verticales et sclérosantes, développer plus d'interactions horizontales, c'est aussi changer de mentalité et de comportement... Justement la discussion rebondit à partir d'un nouvel exemple. Il semble qu'à l'intérieur du comité de pilotage, quelques baronnies soient en reconstitution. Chargés d'étudier certains aspects relatifs au processus de pilotage, les directeurs ont tendance à faire travailler leurs services en vase clos, et tardent à faire connaître leurs travaux à l'ensemble du comité. Les directeurs, qui se sont fortement engagés dans une volonté d'amélioration du management, voient se confirmer ce dont ils se doutaient un peu par avance : c'est au sein même de l'équipe de direction que le travail collaboratif peine à s'instaurer.

Anecdotiques ou plus importants, ces problèmes paraissent révélateurs au comité de pilotage. Malgré l'adhésion au projet d'entreprise, malgré une ouverture de principe aux idées nouvelles, les vieilles attitudes peuvent ressurgir au grand galop. Il ne suffit pas d'introduire des outils de communication pour contrer le silence ou l'individualisme – autrement dit la non communication – qui s'opposent à l'effectivité du travail d'équipe. Pour faciliter la transition, le comité de pilotage s'est alloué depuis peu les services d'un coach dont les interventions ont un objet bien précis : soutenir l'apprentissage des participants, dans ce nouvel horizon managérial qui mêle des technologies innovantes aux transformations de l'organisation, mais qui ne doit pas oublier les faits de culture et l'importance des changements humains.

Chapitre **10**

MOBILISER LES ÉNERGIES

Actuellement, l'organisation du travail est hybride. Les modèles postindustriels, les fonctionnements bureaucratiques et de lourdes hiérarchies formelles coexistent avec des modes d'organisation plus souples et transversaux. Les organisations en réseau sont en devenir. En contrepartie, la situation des nouveaux bâtisseurs du travail à distance est confuse. Ces modes d'organisation se développent mieux lorsqu'ils sont engagés au plus haut niveau de l'entreprise et qu'ils sont portés par un projet stratégique. Cependant, beaucoup de nouvelles organisations se construisent par petites touches et émergent équipe par équipe, avec l'accord des directions mais sans réelle implication des dirigeants. Autant dire qu'à l'échelle des groupes, le management n'est ni simple, ni facile. Souvent, il s'agit de constituer des équipes efficaces et d'obtenir des résultats probants à partir de groupes distendus et de regroupements d'individus déjà bien occupés par ailleurs.

• **Obtenir l'engagement de départ**

Dans de tels contextes, l'engagement personnel est le facteur critique pour une configuration favorable. L'activité du groupe et ses performances dépendent de cet engagement de départ et de son maintien jusqu'au terme de la mission. Le manager est le premier impliqué dans cet engagement et cet impératif souligne l'importance de deux rôles à développer :

– le rôle d'entraîneur, qui vise à renforcer l'équipe en la dynamisant ;

– le rôle de facilitateur, qui vise à alléger les obstacles entravant la progression.

• Personnaliser les contacts

Dans une organisation traditionnelle, on a tendance à constituer l'équipe en fonction des personnes présentes et plus ou moins disponibles. Dans un environnement virtuel, la flexibilité de l'organisation permet de faire appel à des personnes dont les compétences intéressent l'équipe, même si elles sont éloignées ou qu'elles travaillent dans une entreprise partenaire. Mais si une équipe virtuelle n'est pas nécessairement composée de personnes que l'on a « sous la main », sa constitution suppose des contacts fortement personnalisés. Il est important, à cette étape, d'exploiter tous les moyens de communication et de ne pas se limiter à la messagerie. En effet, mobiliser des personnes demande d'individualiser leurs centres d'intérêt. Leur implication ne s'acquiert pas en un seul e-mail laconique mais par une suite d'échanges abordant les éléments propices à la mobilisation.

• Le meilleur démarrage : une rencontre face à face

Bien que les outils de communication électronique soutiennent l'équipe tout au long du projet, une réunion face à face s'avère toujours plus favorable pour initier le travail d'un groupe virtuel. Cette première rencontre qui permet des ajustements directs, denses et rapides est essentielle surtout *lorsque les participants ne sont pas habitués aux échanges électroniques*. Ils risquent en effet d'être déroutés et ralentis par la nouveauté des outils, alors que l'essentiel à ce stade est la définition du travail commun et l'instauration des premiers contacts. Il s'agit donc lors d'une première rencontre :

– de les informer sur le projet ;

– d'échanger et de partager des arguments pour en expliquer le sens, les enjeux et les conséquences ;

– de faciliter les discussions pour amorcer les accords nécessaires en vue d'un même objectif ;

– de déterminer les règles du jeu en matière d'organisation en expliquant les outils et le matériel requis ainsi que les avantages du travail sur plateau virtuel ;

– d'aborder les inconvénients, les difficultés ou les risques inhérents au projet et d'envisager les moyens de les maîtriser au mieux ;

– de conclure en demandant aux participants d'exprimer leur avis et leur position.

Toutes ces actions sont caractéristiques d'une démarche de mobilisation : plus les participants se représentent clairement le projet, le plan d'action et les problèmes à résoudre et plus ils s'expriment autour d'une représentation commune, plus les chances de mobilisation augmentent aux plans individuel et collectif.

Certains points de cette démarche sont maintenant des standards du démarrage d'un projet : la présentation des objectifs généraux et le tour de table initial sont rarement oubliés. Mais l'avis des participants et le tour de table final qui permettent à chacun d'exprimer sa position et de marquer son engagement (ou ses doutes et son désengagement) sont encore très souvent omis. Ils représentent pourtant une étape essentielle dans l'implication : a priori, les membres d'une équipe virtuelle ne participent pas uniquement sur ordre même s'ils sont soumis à des impératifs hiérarchiques ou contractuels. Le fonctionnement ultérieur de l'équipe impliquera une réelle autonomie des participants, ce qui suppose en amont une autonomie des engagements.

• La réunion virtuelle : réservée aux équipes expérimentées ou éloignées

Même si une rencontre face à face constitue la meilleure amorce, des équipes expérimentées peuvent démarrer directement sur support virtuel. Ce sera aussi le cas d'équipes internationales qui initient un projet à distance. Les échanges nécessaires à son lancement sont alors transposés dans un espace de travail électronique créé à cet effet. L'aménagement initial du bureau virtuel vise à soutenir le démarrage de l'équipe par divers procédés :

– Présentation des participants : inscription des individus pressentis avec un résumé de leur expérience. Lorsque les participants ne se connaissent pas, une présentation conviviale peut donner le ton.

– Présentation du projet : les documents proposés dans une salle de travail exposent les composantes essentielles du projet (objectifs, enjeux, résultats et échéances envisagés, système de ressources et de contraintes…)

– Échanges entre les participants : en complément des discussions structurées utiles à la compréhension du projet, d'autres réunions peuvent permettre des échanges plus informels. On peut diversifier les contacts en croisant différents moyens d'échanges avec une discussion synchrone (*chat*), par exemple, pour que les participants réagissent avec la spontanéité d'un échange en temps réel.

– Formulation des positions et des engagements : comme lors des réunions face à face, cette étape inaugure la constitution du groupe. Les réunions asynchrones peuvent être un excellent support à ce stade car chacun peut s'exprimer à tour de rôle. Certains produits de travail collaboratif proposent des outils permettant d'établir de courts questionnaires et de recueillir des réponses en ligne. Ce procédé peut être utile si l'on veut demander à chacun de prendre position sur certains points lors de son engagement dans l'équipe.

Maintenir la dynamique

Les informations sont aisément partagées lorsque les participants travaillent directement dans leur bureau virtuel, c'est-à-dire en connexion permanente et en utilisant indifféremment les applications disponibles dans l'espace collaboratif ou sur leur poste de travail personnel. De cette manière, un document rédigé est immédiatement enregistré dans l'espace commun et accessible sans manipulation supplémentaire pour copier l'information dans le serveur. De même, des agendas partagés synchronisés avec les agendas personnels (réservés aux activités confidentielles ou privées) permettent d'assurer simultanément la gestion des informations collectives et individuelles, sans aucun report d'information manuel d'un système à l'autre. Ce mode de travail, économe en temps et très efficace, suppose une réelle confiance car beaucoup de travaux sont ainsi partagés d'emblée.

A contrario, nombre de personnes préfèrent travailler et enregistrer leurs travaux sur leur ordinateur personnel, puis ne les partager que lorsque les informations leur semblent publiables, c'est-à-dire visibles sans encourir un mauvais jugement de la part des membres de l'équipe. Cela suppose d'abord un temps de travail personnel, puis un second temps – très rapide d'ailleurs – consacré à l'envoi des informations dans l'espace partagé.

Quel que soit le procédé retenu, l'essentiel des informations trouvées ou produites par chaque participant est alors déposé dans l'espace commun. Il ne s'agit pas de recevoir une masse d'informations de la part de l'équipe, chacun dans sa boîte aux lettres, mais d'aller la chercher dans le bureau virtuel au moyen de visites virtuelles régulières : ce sont de nouvelles habitudes et de nouveaux rythmes à prendre pour participer et se tenir activement au courant du travail collectif.

Les techniques « pull » et « push » stimulent les échanges

La démarche qui consiste à aller rechercher l'information recouvre ce que les habitués des réseaux informatiques appellent l'information « pull », que l'on *tire* de l'espace commun. Cette démarche est essentielle mais cependant insuffisante pour stimuler la vie d'équipe. En effet, les participants sont souvent happés par le travail ou par des événements qui se déroulent dans leur environnement proche. Ce qui se passe dans l'espace virtuel est soustrait à leur attention immédiate, et leur paraît moins prégnant. La dynamique des équipes virtuelles impose de stimuler l'attention afin que le travail à effectuer reste présent à l'esprit des participants. Voilà pourquoi un espace de travail collaboratif ne se résume pas à un stock de documents passivement déposés dans des bibliothèques ou des armoires virtuelles. L'animation active suppose l'emploi d'outils complémentaires permettant de mettre en œuvre le « push » d'informations, c'est-à-dire l'envoi de renseignements importants à chaque destinataire. À condition d'être exploité avec modération (afin d'éviter les effets néfastes de la sur-information), ce « push » joue un rôle de signal qui attire l'attention, stimule l'intérêt et pousse aux échanges :

• Bulletins, annonces ou « newsletters » de l'équipe

Les logiciels disponibles sur le marché proposent des automatismes grâce auxquels des bulletins d'annonces sont distribués régulièrement. Ces bulletins récapitulent les nouveautés accumulées dans l'espace partagé. Selon les choix posés en équipe et individuellement, ils sont édités tous les jours ou toutes les semaines. Rédigés de façon standardisée, ils se présentent sous forme d'un relevé d'informations (titres indiquant l'objet de l'information, dates, lien hypertexte à activer). Chacun peut alors sélectionner l'information qu'il juge intéressante et se connecter à son gré pour en prendre connaissance.

• Messages diffusés collectivement

L'envoi d'un même message à tous les membres de l'équipe a pour but d'attirer l'attention sur une information, une réunion ou une étape de travail importante. Ces messages ne sont pas lancés ni rédigés de façon automatique. L'animateur ou les participants qui alertent leurs coéquipiers s'attacheront à souligner l'intérêt d'un document partagé ou d'un événement qui se déroule dans l'espace collaboratif.

• **Messages personnalisés**

La dimension collective est fortement soulignée dans une organisation collaborative, et de nombreux animateurs ont alors tendance à négliger les rapports personnalisés. Or, les temps de travail individuel ou en sous-groupes sont très fréquents et chacun éprouve le besoin d'affirmer son individualité sans se fondre nécessairement dans le groupe. Dans une équipe, les individus ont de l'importance ainsi que les relations personnelles : elles s'établissent par l'envoi de messages individuels mais également par téléphone ou au cours de rencontres que certains participants fixent ensemble. Les équipes virtuelles, surtout lorsque les participants sont éloignés, supposent ainsi un management personnalisé pour permettre à chacun de trouver sa place. Ces relations individuelles sont particulièrement importantes pour les collaborateurs éloignés, les nouveaux arrivants et les personnes de culture différente qui rejoignent l'équipe. Dans les équipes mixtes, il est fréquent que le responsable et certains participants travaillent au siège social, par exemple, alors que d'autres collaborateurs (distants de 10 ou 10 000 km) sont isolés. Dans ce genre de cas, les managers ont tendance à solliciter plus souvent ceux qui sont proches. Or, les relations de travail virtuelles supposent une logique inverse : il convient d'être plus assidûment en communication avec les collaborateurs éloignés afin de mieux les inclure dans le processus commun.

De façon générale, de nombreuses actions engagées par les managers visent à faciliter les échanges, en incitant les coéquipiers à garder présents à l'esprit les objectifs finaux et à mesurer le chemin déjà parcouru. Entrent dans cette catégorie d'actions :

- **les feedback sur les travaux de l'équipe** – Ils ont pour fonction d'engager d'éventuelles actions correctives, par exemple si le niveau de qualité requis n'est pas atteint. Ils visent également la valorisation des résultats intermédiaires lorsque le travail effectué représente un apport nouveau ou marque une étape particulière. Les messages individuels et les réunions électroniques sont les outils privilégiés pour transmettre ces avis qui dynamisent la progression des travaux.

- **l'apport de ressources** – Les interventions du manager ou des participants contribuent à la résolution des problèmes par

l'apport de connaissances (savoirs et méthodes) : les bibliothèques de travail électroniques sont alors couplées aux
messages ou aux réunions virtuelles pour soutenir les
réflexions et favoriser la compréhension par l'échange.

– **les revues de projets ou des points d'étape** – Il s'agit de situer
l'état du travail dans le cadre du processus engagé au départ.
Les bibliothèques de documents permettent de rendre compte
de la nature des travaux réalisés à un moment donné.
Couplées aux « gestionnaires de tâches électroniques » qui
permettent de repérer qui a effectué ces travaux et à quelle
échéance, ce sont des instruments privilégiés pour mesurer la
progression de l'équipe.

Quand la tension éclate à l'écran

Comme au sein de tout groupe humain, des affinités peuvent se
développer à l'intérieur des équipes virtuelles, mais aussi des antago-
nismes. Les médias électroniques, qui modifient les voies de
compréhension mutuelle, vont par conséquent transformer les voies
d'expression des conflits.

• Risques particuliers de tensions dans une équipe virtuelle

Dans les équipes internationales, certaines incompréhensions proviennent des différences culturelles. Des malentendus sont toujours possibles quand des interlocuteurs utilisent la même langue maternelle mais
le risque s'accroît avec les langues étrangères. La méconnaissance des
contextes de travail des participants éloignés est également une source
d'incompréhension dans le monde virtuel. Le temps subjectif est par
exemple l'un des éléments qui définit le contexte d'interaction : pour
animer une réunion en temps réel, les décalages horaires obligent
certains à travailler de nuit, ce qui les rend nécessairement moins
réceptifs, surtout si la situation se répète. De même, les rythmes de
travail varient d'un pays à l'autre : un message envoyé le 8 mai en
urgence d'Italie restera sans réponse jusqu'à la semaine suivante si le
partenaire français est parti pour un long week-end en cumulant RTT et
jour férié…

Soumises à des décalages culturels, géographiques et temporels, les
équipes sont particulièrement sensibles aux conflits. Cherchant à aller

vite, elles ont alors tendance à s'adresser des messages expéditifs sans faire attention aux mots employés. Mais quand le niveau d'expression s'appauvrit, le niveau de compréhension baisse et les risques d'irritation augmentent. Le manque de confiance et l'individualisme poussent évidemment aux conflits : certains masquent leur ignorance dans un domaine pour donner une meilleure image d'eux-mêmes, mais le travail n'avance pas ; d'autres refusent de partager une information ou un savoir, et le travail se ralentit ; d'autres encore se sentent en concurrence et, dans ce cas, les relations de travail ressemblent plutôt à une lutte armée.

In fine, ces participants qui échangent a minima ne jouent pas les règles de coopération qui font le succès des équipes virtuelles. Les tensions et les dissensions augmentent et si un conflit peut se limiter à deux personnes, il peut aussi se répandre et entraîner une brouille collective. Comme en situation de face à face, une opposition entre deux interlocuteurs peut s'élargir lors des réunions électroniques : l'escalade du conflit se manifeste par des prises de position exprimées au sein du groupe de travail qui se divise en factions.

• Expression des conflits

Tout comme dans les équipes de proximité, une tension peut demeurer cachée ou s'exprimer sous couvert d'actes et d'allusions plus ou moins explicites. Larvés ou déclarés, les conflits sont assez courants à l'écran et peuvent aller jusqu'à l'insulte.

Dans les équipes de proximité, les désaccords ralentissent le travail et démobilisent les acteurs. Dans un espace virtuel, ces effets sont souvent plus radicaux car il est beaucoup plus facile de stopper tout échange et toute contribution sur un réseau, en particulier quand les participants sont éloignés. Quand les échanges persistent, il arrive que des tensions éclatent avec force à l'écran. Certains participants se montrent plus agressifs dans ce mode de relations qui les soustrait à la réaction immédiate de leurs interlocuteurs. Les caractéristiques de l'écrit ne permettent pas facilement de trouver des points d'ajustement, notamment lorsque les participants s'initient à ce mode de discussion et n'en maîtrisent pas pleinement les effets. En cas de conflit ouvert, les problèmes non résolus et les pertes en énergie humaine altèrent grandement les performances, et le management des conflits en ligne revêt un enjeu particulier.

Figure 4-1 – Le ton monte lors d'un échange en réunion virtuelle

---

Comments

Vos remarques pour compléter cette liste (✉ Claude BIANCHI, SCI BARFAL, 4 oct. 01 5:34) ❧✄✗
Merci de m'indiquer vos commentaires afin de compléter ou modifier cette liste de termes à référencer
(échéance lundi prochain)!

    Ce tableau est incompréhensible !!! (✉ Dominique PARIS, SCI BARFAL, 7 oct. 01 10:05) ❧✄✗
    Pourquoi LOCATION est-il coté 4 et BUREAUX coté 2 ? et IMMOBILIER coté 1 ?
    Il va falloir changer de métier !!!
    Je ne suis pas un spécialiste du référencement. Je n'ai sans doute rien compris. Et je ne veux pas qu'on
    m'explique quoi que ce soit. Claude qui fait le référencement du site doit le faire jusqu'au bout en prenant
    ses responsabilités. On verra le résultat. Pour ma part, ce n'est pas mon rôle de m'occuper de ça et je ne
    suis pas "au niveau".

        Parlons niveau ! (✉ Claude BIANCHI, SCI BARFAL, 8 oct. 01 10:58) ❧✄✗
        Et pourquoi pas changer de métier ? Je suis peut-être trop bête ou trop con pour pouvoir me
        faire comprendre ou donner des explications ! En tout cas je ne suis pas du tout disposé à
        entendre de tels propos ! Je pense qu'il y a d'autres façons de s'expliquer... un simple appel
        téléphonique aurait été beaucoup plus simple que de s'entendre traiter comme de la merde !
        Je me débrouille tout seul pour la suite et vous remercie de votre COLLABORATION !

Quand Claude demande des avis pour finaliser son travail, il est entièrement plongé dans les problèmes techniques qu'il doit traiter à courte échéance. Quand Dominique lui répond, il est avant tout préoccupé par le pilotage d'un projet de construction immobilière qui pose des problèmes critiques. Le conflit sous-jacent émerge quand Claude est pressé par l'urgence, alors que Dominique, qui lui a délégué la responsabilité de ce dossier technique, est absorbé par l'importance d'autres problèmes à forts enjeux.

Source SCI BARFAL et MAIN CONSULTANTS, 2000-2001.

• Résolution des différends

Dans les équipes « mixtes », le conflit peut émerger en amont de toute interaction électronique, éclater à l'écran puis se poursuivre et se régler hors de l'espace virtuel. Des tensions entre collaborateurs de proximité peuvent exploser, par exemple, lors d'un échange sur ordinateur mais le différend sera résolu dans des discussions face à face ; à défaut, les interlocuteurs auront recours au téléphone pour tenter de s'expliquer. Quand des personnes entrent en conflit à l'écran, en général, elles réduisent leurs échanges virtuels pour choisir la confrontation directe et des moyens de discussions (ou de dispute) plus traditionnels. Une autre issue réside dans la possibilité d'échanges offerte par la messagerie et les réunions électroniques, pratiques qui se généralisent au sein des équipes plus expérimentées.

Ces comportements observés sur le vif montrent que les communications empruntent toutes les voies possibles, supports virtuels ou médias classiques. La résolution des conflits par messages ou réunions électroniques est la voie que devront emprunter les équipes très éloignées, afin d'éviter que les discordes et le travail ne s'enlisent entre un appel téléphonique et deux rencontres annuelles. La résolution des conflits en ligne doit alors privilégier la lecture (« l'écoute ») attentive des messages afin de préciser les intentions de chacun avec, si nécessaire, l'intervention de l'animateur en tant que médiateur ou arbitre. Que le différend se règle en ligne ou par relations de proximité, les objectifs sont les mêmes : il s'agit de faire prendre conscience des pertes individuelles résultant du conflit, de situer celui-ci dans le cadre collectif et de rechercher une solution gagnant-gagnant pour permettre à chacun de « ne pas perdre la face ».

Des facteurs de frein à surveiller

Il n'existe guère de processus de travail sans risque, sans difficulté et sans contrainte. Lors d'une première expérience sur plateau virtuel, les équipes s'engagent dans un apprentissage qui exige du temps et des efforts. Même si le changement est volontaire, un certain seuil de contraintes demeure inévitable. Ces contraintes – freins ou blocages – et les réactions qu'elles suscitent se révèlent en général à l'occasion des échanges. Certaines objections, explicites ou masquées, constituent des facteurs démobilisateurs. Quelques exemples : les participants craignent, en s'engageant dans un travail d'équipe sous une forme nouvelle, d'avoir à supporter un chevauchement des priorités et de fortes surcharges de travail, ou bien de nombreuses activités liées au projet d'équipe sont jugées fastidieuses, répétitives et sans intérêt ou les activités ou les objectifs envisagés ne correspondent pas aux valeurs des participants ni à leurs aspirations personnelles. Enfin, certaines personnes pressenties sont manifestement en compétition ou en conflit et le climat général est tendu.

Certains facteurs de frein peuvent aller jusqu'à provoquer des blocages. Si l'on veut former une équipe de gens responsables et motivés, on peut les engager à porter un regard neuf sur les problèmes rencontrés, afin de trouver des issues possibles. Mais il est inutile de chercher à les convaincre par de simples discours si, après étude, la résolution de certains problèmes exige des mesures concrètes. Pour preuve, cet exemple vécu d'une équipe qui adhérait clairement aux principes et aux visées du travail collaboratif mais qui refusait de travailler dans un bureau virtuel... tant que la réfection de bureaux « en dur » ne serait pas réglée. Le travail en équipe dans les bureaux virtuels facilite grandement les échanges et la coordination mais il ne résout pas tous les problèmes. Certes, l'organisation ne peut pas être efficace sans une bonne communication. Toutefois, une bonne communication ne suffit pas à compenser les problèmes d'organisation.

Des formes d'organisation risquées en « mode virtuel »

Les « groupes de travail » qui se sont multipliés dans les organisations sont l'exemple type des travaux collectifs au cours desquels les gens communiquent abondamment sans pour autant être très efficaces. Malgré les atouts d'un mode d'organisation personnalisé et très souvent transversal, les résultats demeurent très en deçà des performances du travail d'équipe. Cet effet négatif s'accroît lorsque ces groupes tentent de travailler dans un bureau virtuel, car les faiblesses de leur organisation deviennent plus sensibles.

En général, le « groupe de travail » s'ajoute aux missions habituelles des participants qui, accaparés par d'autres priorités, ne s'engagent pas vraiment dans cette démarche. Une autre difficulté majeure tient au fait qu'il s'agit souvent de travaux de réflexion. Dans ces groupes qui brassent des idées, les participants omettent de préciser clairement les buts à atteindre et de leur donner une forme concrète et transmissible. Les groupes de proximité parviennent quand même à concrétiser certains résultats : même lorsqu'on est peu motivé, il est difficile de se soustraire aux sollicitations de collègues et de responsables qu'on voit tous les jours, et le travail avance malgré tout. Mais ces difficultés d'organisation prennent un relief particulier lorsqu'il s'agit d'un groupe de travail virtuel. Il est facile dans ce cas de se soustraire au travail commun en prétextant l'absence ou la distance... au détriment du groupe de travail qui périclite alors à grande vitesse.

En percevant les opportunités offertes par les échanges en réseau, ces groupes distendus sont souvent tentés par le partage de documents. Dans les grandes organisations, la démarche intéresse aussi les centaines voire les milliers de personnes qui partagent un même centre d'intérêt. Petits ou grands, les réseaux qui se constituent sous forme de petits groupes ou de vastes communautés virtuelles veulent partager des informations, mais aussi échanger leurs expériences, leurs ressources et leurs savoir-faire. Ces démarches paraissent aisées et pleinement fondées par l'esprit de coopération qui caractérise le travail en réseau. *A priori*, les participants possèdent de nombreux points communs : ils ont en général le même métier ou des pôles d'intérêt professionnel identiques et les bénéfices liés au partage de connaissances sont mutuels. L'approche est malgré tout fragile car si les participants ont des objectifs similaires, ils ne sont pas véritablement engagés dans la réalisation d'un ouvrage commun. Les groupes de travail ou de partage de documents fonctionnent sur un mode essentiellement coopératif, sans grande exigence de production ni de coordination. De ce fait, leur activité repose essentiellement sur des principes de libre adhésion et quand bien même les relations sont denses et fortes, les liens organisationnels sont faibles et les engagements très instables.

Au contraire de ces groupes aux liens trop souples, certaines équipes perdent de l'efficacité par excès de tension. La situation est courante dans le cas des organisations matricielles, typiques de l'ingénierie concourante et souvent érigées en modèle. Vantées pour avoir théoriquement concilié le développement des filières d'activités spécialisées et le travail des équipes en mode transversal, ces organisations tentent de maintenir des processus verticalement structurés tout en les conjuguant avec des processus transverses. Dans la réalité, les effets de la formule sont moins positifs, les organisations matricielles ayant aussi pour effet de détourner constamment les participants du projet censé les réunir. Dans ces configurations, chaque individu est engagé dans plusieurs groupes ou équipes, plusieurs domaines d'activités et des projets divers. Au plan collectif, les filières hiérarchiques et les lignes de management transversal s'entrecroisent et entrent souvent en compétition. Tout cela accroît les temps et les difficultés de transactions, et conduit les managers à s'engager dans des travaux supplémentaires de coordination… pour tenter de maintenir une organisation cohérente. Au plan individuel et au sein des équipes, le stress augmente devant la difficulté de gestion du temps et les conflits de priorités.

Les équipes confrontées à de tels modes d'organisation présentent des réactions caractéristiques lorsqu'elles doivent travailler sur leurs intranets ou sur l'Internet : attirées par les gains de temps et d'efficacité, elles développent une culture de l'urgence. Les participants, qui sont souvent très qualifiés et dotés d'une solide culture scientifique et technique, s'attachent à comprendre rapidement le fonctionnement des outils, mais sans prendre le temps d'assimiler les changements d'habitudes nécessaires pour gagner en vitesse et en qualité. Ce sont généralement ces équipes qui décrètent que les outils « n'ont rien donné ou pas grand-chose » et pour cause ! La qualité des outils ne peut à elle seule garantir l'efficacité du travail d'équipe qui dépend aussi des choix d'organisation et de la nature des interactions humaines. Or celles-ci supposent du temps pour que les réflexions et les échanges soient de qualité.

Qu'ils tendent à se déliter par manque d'objectifs ou de cohérence, ou bien qu'ils mènent à l'épuisement par trop de pression, la réussite des équipes et des groupes de travail « virtualisés » n'est pas impossible pour autant. Mais lorsque les entreprises ne sont pas en mesure de s'engager avec elles dans un changement global, le succès de ces équipes dépend uniquement de l'énergie de l'animateur et de la mobilisation du groupe, qui devra alors produire les efforts nécessaires pour tacher de s'organiser avec plus d'efficience.

Lorsqu'elles réussissent ces équipes ont surmonté nombre de difficultés ayant dû se passer des facteurs favorables normalement impulsés par le top management. On peut dire qu'en facilitant les communications, les nouvelles technologies offrent un moyen de revenir au b-a ba des échanges directs en favorisant le travail très autonome par petites unités d'organisation. L'étendue des réseaux électroniques donne aussi une nouvelle dimension aux réseaux humains, ceux-ci pouvant être considérablement élargis avec l'interconnexion des individus, des groupes et des échanges multiples entrelacés les uns aux autres. L'articulation est constante du local au global : un avantage quand les entreprises veulent retrouver la dimension humaine indispensable au travail, alors que les effectifs se sont accrus par centaines ou par milliers pour atteindre la taille critique nécessaire au développement économique.

Chapitre 11

LA COORDINATION, PIVOT DE L'ORGANISATION

Dans l'économie d'un projet d'équipe, le travail de l'animateur passe par le relationnel pour améliorer les performances. La chaîne des 3C – communication, coopération et coordination – joue pleinement. Si la communication nourrit la coopération indispensable au sein des équipes, elle sert *in fine* la coordination indispensable à l'efficacité des processus collectifs. Axe primordial du management, la coordination est classiquement appréhendée en termes de contrôle du travail, de souci permanent de la performance à obtenir sous la contrainte du maintien des coûts, des délais et de la qualité requise.

En matière de contrôle et de coordination du travail, les équipes virtuelles et les organisations avancent sur un terrain miné car certaines idées sont parfois de véritables pièges. Certains voient dans le « management » une suite d'actions permettant aux entreprises de s'organiser avec des objectifs, des stratégies et des règles d'organisation claires. D'autres perçoivent en revanche le « management » comme un modèle imposé à la mode américaine, tendant à bousculer la position des cadres intermédiaires, voire à nuire aux cultures d'entreprises « à la française ». Pour certains, la notion de « performance » recouvre la nécessité d'engager des personnes réellement compétentes afin d'obtenir les meilleurs résultats compte tenu des contraintes. Pour d'autres, la « performance » évoque un principe d'épuisement délibéré des ressources humaines, à l'image du citron pressé que l'on jette après usage. Quant à la notion de « contrôle du travail », elle signifie pour certains que tout processus, tout système de production doit être suivi et mesuré pour être maîtrisé. Mais certains l'assimilent au contrôle des salariés sous sa forme la plus pénalisante aux plans social et humain.

On l'aura compris, les nouveaux outils de travail électroniques sont de formidables leviers de développement organisationnel à condition de se soustraire progressivement à l'emprise d'idéologies toutes faites. La définition commune des mots pièges est indispensable pour donner du sens au changement lorsque les équipes passent à la mise en œuvre : en quoi et comment la coordination du travail est-elle efficacement assistée par des ordinateurs ?

Articuler les travaux entre les personnes

En matière de coordination du travail assistée par des outils de réseau, les travaux de Malone et Crowston sont considérés comme des références essentielles. Pour eux, la « *coordination peut être vue comme le processus de management des dépendances qui existent entre des activités* »[1]. La définition suppose que dans tout processus collectif, les activités sont chaînées et co-dépendantes. Dans les domaines couverts par le CSCW[2], un second axe de recherche postule que le langage est un médium essentiel de coordination. En d'autres termes, que l'on considère les chaînes d'activités ou les enchaînements discursifs, on peut tenter de résumer ces travaux de recherche par des déclarations de bon sens : chaque fois que l'on s'informe avec retard, que l'on se comprend mal ou que les ressources et les travaux sont dispersés, cela se traduit par des pertes de temps et d'argent.

Ce problème de dispersion entre les hommes et leurs activités explique le besoin permanent de cohérence et de coordination des managers. À leur manière, la supervision directe d'un travail, le contrôle par les résultats, la standardisation des pratiques opératoires et même la construction d'une culture d'entreprise ou les méthodes de management participatif peuvent être considérés comme des facteurs de cohérence dans un système organisé. Au bout du compte, c'est également pour faciliter la coordination que les outils de travail collaboratif sont insérés dans le système économique, organisationnel et humain qui définit toute entreprise.

---

1. Kevin CROWSTON et Thomas MALONE : « (...) coordination can be seen as the process of managing dependencies between activities. » in « *The Interdisciplinary Study of Coordination* », University of Michigan, 1993, publication AMC Computing surveys, 1994.
2. CSCW : Computer Supported Cooperative Work.

Dans la gamme des outils de travail collaboratif, deux sont plus explicitement destinés à soutenir l'articulation des travaux entre des personnes, des lieux et des moments différents : les outils de workflow et les outils de suivi que sont les calendriers et les gestionnaires de tâches électroniques. Cependant, si l'on tient compte de l'importance du pouvoir du langage, la coordination des actions naît aussi des connaissances partagées et des décisions élaborées par ajustement mutuel. Les documents mis en commun et les discussions jouent ainsi un rôle primordial ; dans cette optique, on peut considérer que tous les outils favorisant la communication et le partage ont valeur d'aide à la coordination : bibliothèques de documents, messageries et réunions électroniques, sans oublier les portails intranet/Internet qui agrègent les accès aux services d'information et d'échanges disponibles sur les réseaux. Déployés sur les intranets et l'Internet, les espaces de travail collaboratif sont devenus accessibles via les « portails » (traduction littérale du mot *gate* utilisé aux États-Unis) qui permettent d'organiser une multiplicité de données ou de ressources de façon collective – les portails d'entreprise – ou personnalisée. Lorsqu'un portail est personnalisé, chacun peut définir le contenu d'une interface pour afficher dans un même écran l'accès aux ressources les plus utiles à son travail individuel : liens vers les espaces collaboratifs, les bases de données, les sites Web et vers toute application informatique dont il dispose.

Lorsque les entreprises s'engagent dans des stratégies collaboratives, leur approche porte nécessairement sur l'ensemble du système de communication et de ses contributions à la performance de l'organisation. Les sites Web et les portails sont développés en liaison avec les espaces de travail collaboratif, en raison des ouvertures sur l'environnement et de leur soutien au travail individuel et collectif. Les workflows et leur contribution forte à la cohérence organisationnelle peuvent également être pris en compte.

Le workflow en cinq points clés

Le rôle principal d'un workflow

Le rôle principal d'un workflow est d'assister les personnes impliquées dans l'accomplissement d'un processus coordonné, qu'il s'agisse d'un processus simple et purement répétitif ou d'un processus complexe susceptible d'être modifié lors de chaque nouvelle instanciation.

Origines du workflow

Aux origines du workflow, on trouve de simples fonctionnalités de routage des documents développées pour les applications de GED (Gestion Électronique des Documents). Depuis les années 1990, le workflow a existé en tant qu'outil indépendant, puis sous forme de modules complétant les applications de gestion intégrée des entreprises (ERP ou Enterprise Resources Planning). Avec l'essor des technologies Internet et des standards de communication, les évolutions récentes du workflow rendent ces applications accessibles sur le Web.

Modélisation du processus en amont du workflow

Le processus à mettre en œuvre est d'abord modélisé sous forme d'activités et de rôles. Le modèle est une véritable construction organisationnelle et sociale, qui sera ensuite rejoué selon les règles établies en commun. La modélisation n'est donc pas un exercice informatique mais un travail pour les équipes et les managers.

Implémentation du workflow

Le processus est ensuite implémenté dans un moteur de workflow qui le mémorise et en fait un modèle « vivant » capable d'épouser les activités réelles. Chaque fois que le workflow est lancé, il guide avec souplesse les suites ou séquences d'actions. Il contient toute la documentation associée aux activités et permet de faire appel aux autres applications utiles au bon déroulement du processus.

Appropriation du workflow

Le workflow est adopté après avoir été conçu en commun puis implémenté, c'est-à-dire construit et mis en œuvre dans sa réalité technique. L'intégration aux pratiques des acteurs passe par une première phase de co-conception et d'appropriation par l'expérience, permettant ainsi l'ajustement progressif et très adapté du workflow mis en œuvre.

Mais, même au sein des grandes entreprises, lorsque le travail collaboratif se développe par petites unités, la plupart des équipes doivent se passer des avantages donnés par ces applications complémentaires.

En revanche, les calendriers partagés et les gestionnaires d'activités sont fournis avec la plupart des produits de travail collaboratif dont disposent un très grand nombre d'organisations. On pourrait penser que ces deux outils sont employés fréquemment tant ils sont utiles à la répartition du travail et au repérage des actions coordonnées en équipe. Toutes les observations depuis dix ans démontrent le contraire, les équipes privilégiant spontanément le partage des documents électroniques, les messageries et, plus faiblement, les réunions électroniques. En matière d'outillage informatique, les workflows font même l'objet d'un rejet. « Workflow = flicage », déclarait un directeur de l'exploitation dans une entreprise de services, pour résumer les craintes exprimées par ses collaborateurs devant les applications de workflow. De façon générale, les calendriers partagés, les gestionnaires de tâches collectifs et les workflows ne sont pas perçus comme des outils de coordination maîtrisables en équipe. Ils sont appréhendés comme des applications très structurantes, développées selon les règles de l'informatique classique, c'est-à-dire dominées par les lois de la technique et de l'autorité formelle.

Des machines et des hommes : l'approche informatique

Les hommes et les machines sont souvent considérés comme les composants identifiables du système qu'il s'agit de faire fonctionner en structurant fortement l'organisation. Cette conception, qui se nourrit de certaines approches informatiques, repose sur des parentés établies entre les comportements d'un être humain et d'un ordinateur. Chaque « objet », homme ou machine, paraît doté de capacités d'action et d'interaction autonomes. En travaillant avec des systèmes en réseau, l'homme reporte sur la machine certaines actions communicantes qu'il pourrait effectuer par lui-même. La similarité et la complémentarité établie entre certains comportements des hommes et des machines sont visibles au travers d'exemples simples : ainsi quand le site Amazon.com personnalise ses offres en fonction des pages Web visitées ou des achats du visiteur, il imite le comportement du commerçant qui adapte son discours à la personnalité du client potentiel pour déclencher l'achat. Et quand une personne inscrit ses rendez-vous dans le système – pour gérer son planning avec un agenda électronique– le système la rappelle activement à l'ordre – si l'activité n'est pas réalisée au moment indiqué. Dans ce cas, la machine relaie la mémoire humaine et c'est à elle qu'est déléguée la capacité de rythmer le temps.

Les progrès possibles au plan technique pourraient conduire à systématiser le développement de ces automatismes. Certains cherchent à assister tous les mécanismes de coordination en les implémentant de façon détaillée dans le système électronique, d'autres visent même, au travers des workflows, à « automatiser les processus intellectuels ». Toutefois, établir de telles analogies entre les hommes et les machines efface leurs différences. On pense évidemment aux capacités d'idéation, d'invention et d'apprentissage caractéristiques de l'humain, qui sont encore tout à fait balbutiantes dans les systèmes automatiques. On ne peut pas non plus oublier les capacités d'adaptation humaines et leur incidence au quotidien : faut-il raccourcir un délai pour emporter un contrat, adapter une procédure, consentir une dérogation de budget pour préserver le déroulement d'une affaire ? Les hommes prennent de multiples microdécisions plus vite et plus efficacement que les machines.

L'importance des capacités proprement humaines est indéniable. Les outils de travail collaboratif orientés « coordination » ont pour rôle d'apporter leur concours en mémorisant des activités, des suites d'actions, en fournissant des indicateurs utiles. Avec les workflows, ils produisent des effets structurants en guidant le déroulement d'un processus. Toutefois, face aux besoins de coordination, ces outils ne peuvent en aucun cas offrir à eux seuls une « solution », terminologie chère à certaines sociétés de services informatiques qui cherchent à vendre un dispositif prétendument global – et exclusivement technique – pour répondre aux complexités organisationnelles et humaines qui sont le fait de toute entreprise. En revanche, l'apport d'outils techniques est cohérent dans le cadre d'un management global, si l'on envisage en priorité, le processus de travail en équipe tel qu'il doit se dérouler de façon optimale, puis les mécanismes d'interaction et de coordination tels qu'ils sont vécus par l'équipe, et enfin, l'apport des techniques et la façon dont elles vont soutenir mais aussi infléchir les modes de coordination.

En s'attachant aux situations de travail et de communication, l'examen des deux premières étapes montre les phénomènes qui pèsent sur l'efficacité des coordinations au sein d'une équipe :

– La vision des objectifs et du résultat à atteindre : chacun définit à sa manière ce qui doit être réalisé, sans confronter ses conceptions personnelles aux visées clairement identifiées en commun.

– La décomposition et la répartition des activités : on ne sait plus au juste quelles sont les tâches et les échéances de chacun.

– L'accès aux ressources : on perd de vue les informations et les connaissances partageables et on ignore des méthodes, des outils ou des matériaux pourtant disponibles.

– La consommation des ressources : il n'existe pas d'indicateur collectif pour savoir à quelle hauteur les budgets ou les temps impartis ont été consommés.

– Les activités concourantes : lorsque plusieurs acteurs interviennent en parallèle, on ignore les contraintes qui s'exercent sur chacun de façon différente mais simultanée.

– Les activités qui se déroulent en succession : on ne connaît pas les contraintes d'enchaînement des activités, c'est-à-dire le type de résultat à produire au terme d'une activité pour que la suivante puisse être réalisée au mieux.

– La détection des problèmes : comme il n'existe pas d'indicateur ni d'échange permettant une détection rapide des difficultés, on s'aperçoit des problèmes une fois que les pertes de temps, de budgets ou de qualité se sont accumulées.

Lorsque les membres d'une équipe sont dispersés et autonomes et que les mécanismes de coordination font défaut, les équipes et leurs responsables pilotent à l'aveugle. Dans un environnement électronique, les outils de coordination ont pour fonction d'apporter de la visibilité, donc des indicateurs de pilotage. L'information communiquée, donc visible, soutient les performances car elle permet :

– de diffuser des éléments d'évaluation qui luttent contre le « laisser aller » et stimulent la vigilance de l'équipe ;

– de détecter au plus tôt les problèmes en permettant à chacun de réagir et de contribuer individuellement ou collectivement à la recherche d'une solution ;

– de faciliter l'intervention du management lorsque le cours des travaux ne correspond pas aux résultats attendus ou bien lorsqu'un problème s'avère insoluble avec les seules ressources de l'équipe ;

– de conforter l'équipe dans sa démarche et ses activités lorsque les indicateurs sont au vert – feedback positif précieux, en particulier lorsqu'un processus est innovant et qu'il comporte beaucoup d'incertitudes.

Un système de pilotage en équipe

Contrairement aux tableaux de bord qui démultiplient des indicateurs trop sophistiqués et essentiellement financiers, un espace de travail collaboratif permet de disposer d'un petit nombre d'indicateurs opératoires. Ils sont alors aisément consultables pour recueillir des informations sur les processus en cours et mieux les maîtriser.

• Partage des objectifs et de la définition du projet d'équipe

Un espace de travail collaboratif correctement structuré comprend une zone d'aide au pilotage. Ouverte sous forme de dossier et complétée d'échanges électroniques, elle permet de collecter l'ensemble des réflexions et des documents utiles à la définition commune du projet. Cette zone joue le rôle de référentiel structurant : communément accessible, elle permet de rapporter tous les travaux à des règles du jeu définies au départ et acceptées par l'équipe.

Dans la logique d'une équipe projet, toujours engagée dans un processus dynamique, le dossier est complété par des points d'étapes et des revues régulières du projet. Assorti d'un moyen de discussion et d'échanges, il permet de réunir dans une même zone de travail l'ensemble des documents, des avis et des comptes rendus qui permettent de valider le travail en cours ou de décider des actions utiles.

• Répartition du travail et suivi dynamique

Lorsque les travaux d'équipes sont complexes et répartis entre plusieurs personnes ou entreprises partenaires, il est courant que les impératifs de charge et les contraintes calendaires des uns soient ignorés par les autres. Les calendriers partagés et les gestionnaires d'activités sont des outils privilégiés pour indiquer la distribution du temps et des activités. En raison des possibilités de mise à jour permanente, ces applications vont largement au-delà des fonctions d'agenda ou d'affichage du planning. Elles permettent en effet :

– de répartir les activités. Un gestionnaire de tâches intègre toujours trois informations minimales : nature d'une activité, désignation des personnes chargées de la mener à bien et relevé des échéances. Les explications et les documents utiles à la réalisation sont également associés à la description de l'activité. Un espace de travail collaboratif doit donc être considéré comme un dispositif de délégation et de suivi collectif des activités.

– d'inscrire les événements d'un processus dans un seul calendrier commun. C'est l'effet de synchronisation dû au partage des données calendaires qui est recherché en premier avec cette application. Avec un agenda partagé, chacun peut également se rapporter au planning collectif pour une meilleure gestion des priorités personnelles. À cette fin, certains produits de travail collaboratif permettent de synchroniser les calendriers et gestionnaires partagés avec les calendriers et gestionnaires personnels. Ils offrent aussi des fonctions de rappel particulièrement utiles aux personnes qui doivent répartir leur activité individuelle entre plusieurs projets et plusieurs équipes.

– d'indiquer la progression des activités. Lorsque les calendriers et les gestionnaires de tâches sont complétés au départ puis régulièrement renseignés, l'équipe et le manager disposent d'une vision prévisionnelle du plan de travail et d'un état constamment à jour de l'avancée des travaux. Pour faciliter le pilotage de façon pragmatique, le système affiche en continu ce qui est « fait » et ce qui reste « à faire ».

Figure 4-2 – Suivi collectif d'un processus au moyen du gestionnaire de tâches

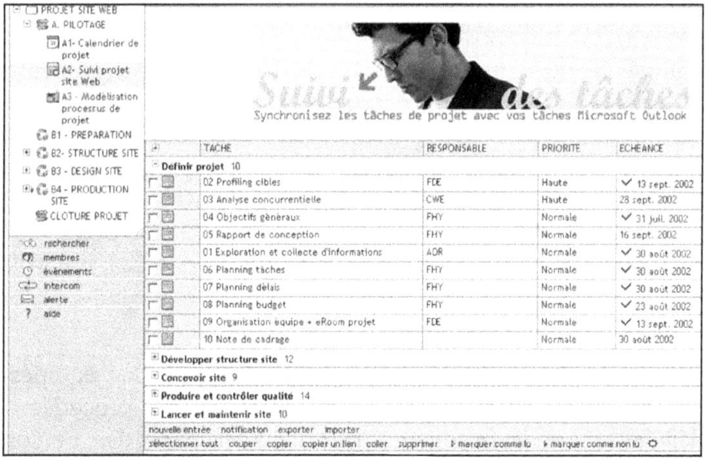

Organisation dynamique d'un projet de création de site Web : après modélisation, le processus de projet est organisé à l'aide d'un outil de suivi. L'outil mis en place permet la visualisation collective du plan d'action, des réalisations effectuées et de la répartition des responsabilités au regard des échéances.

Processus et agencement MAIN Consultants, 2002, avec le produit eRom Technology, Inc.

• **Triptyque coûts, qualité, délais**

Les gestionnaires d'activités donnent d'emblée des mesures sur les temps écoulés par étape et, plus globalement, sur le cycle de production des équipes, car l'une de leurs fonctions premières est de faciliter la surveillance des délais. Le dispositif peut être complété par la mise en place d'indicateurs de coûts ou de mesure des critères de qualité, soit au moyen d'indicateurs synthétiques construits par les différents partenaires, soit par regroupement des indicateurs propres à chaque domaine d'activité ou à chaque segment d'un projet.

De la façon la plus simple, ces informations peuvent être partagées sous forme de renseignements ou de documents. La mise en place de liens hypertexte permet d'enrichir notablement le système : l'espace de travail collaboratif est alors connecté par simple lien à l'ensemble des bases de données ou des programmes disponibles en réseau qui fournissent ainsi des indicateurs plus détaillés.

• **Contrôle des ressources**

La même logique d'interconnexions à l'aide des liens hypertexte sert au contrôle des ressources critiques. Le procédé est particulièrement utile aux équipes dont les travaux imposent de recourir à des pièces, à des matériaux physiques ou à des fluides dont les niveaux doivent être surveillés et éventuellement réapprovisionnés.

En matière de ressources informatives, les équipes engagées dans des processus industriels ou d'ingénierie sont particulièrement intéressées par ces structures hypertexte. Elles leur permettent d'accéder rapidement et en continu aux bases de données qui gèrent des tables et des nomenclatures détaillées. L'espace de travail collaboratif joue alors un rôle de mise en cohérence en offrant un point d'accès regroupé vers toutes les données initialement dispersées, mais globalement utiles à la production parce qu'elles intègrent le suivi de toutes les informations requises.

En matière de ressources humaines, cruciales pour les équipes qui tablent surtout sur l'expertise de leurs membres, des procédés aussi simples favorisent la mise en commun. L'affichage des personnes présentes ou des indisponibilités pour congés, l'annonce des compétences et des connaissances apportées par chacun constituent des formes de partage qui sont propices à une meilleure coordination entre des coéquipiers appelés à travailler ensemble, et parfois à se remplacer. Le partage des expériences au moyen, par exemple, de discussions portant sur la résolution d'un problème ou d'une panne, entre aussi dans le dispositif de coordination : la conduite des réunions et leur mémorisation permet de coordonner l'accès et la mise à disposition de savoirs considérés comme des ressources critiques.

• Retours clients

Beaucoup d'équipes engagées dans des projets complexes et innovants sont appelées à suivre le développement d'un produit jusqu'à sa phase de commercialisation. Les informations classiquement utilisées pour mesurer le niveau de réussite sont alors les ventes, le chiffre d'affaires réalisé et la répartition des parts de marché.

En complément, un environnement virtuel ouvert sur des applications extranet/Internet permet d'intégrer des retours d'informations plus qualitatifs, explicitement orientés vers l'amélioration du produit et la satisfaction des clients. Les enquêtes de satisfaction, les outils de sondage et de « webmarketing », les bases de données commerciales, les échanges de messages indiquant les réclamations ou le niveau de satisfaction du client sont autant d'exemples de ces outils complémentaires. Via le continuum de communications offert par le dispositif électronique, le réseau intranet/Internet permet aux équipes de recherche ou de production d'être en prise avec les processus de vente.

• Capitalisation des travaux

Lorsque les travaux d'une équipe s'achèvent, les contraintes de temps ou de charge empêchent les participants d'effectuer le travail nécessaire à la valorisation et au partage des produits réalisés. En effet, le temps de capitalisation est coûteux car il suppose un retour critique sur les travaux réalisés, une formalisation des savoirs acquis et un tri des documents réutilisables. Cependant, l'absence de capitalisation pèse tout autant sur la productivité ou la qualité, même si ces effets négatifs ne sont pas immédiatement perceptibles. C'est au lancement d'un nouveau projet qu'on constate l'oubli ou la perte d'anciennes réalisations, empêchant l'entreprise d'exploiter les produits ou les savoirs internes. Pour résoudre cette problématique, les espaces de travail collaboratif apportent une double contribution :

– Capitalisation des apports en organisation : le processus d'équipe oriente l'aménagement d'un espace de travail virtuel. Les propriétés de mémorisation des environnements numériques permettent non seulement de conserver cet aménagement structuré, mais surtout de le dupliquer au sein d'une même entreprise et de le réadapter selon les besoins. Cette forme de capitalisation favorise la rapidité d'action lorsqu'une nouvelle équipe projet se forme. Elle va pouvoir démarrer à partir d'un modèle d'organisation approprié au contexte de l'entreprise, pour l'ajuster ensuite à ses besoins et contribuer ainsi à l'amélioration permanente du modèle utilisé.

– Capitalisation des apports en produits et en expérience : malgré tous ses atouts, un environnement collaboratif ne peut pas faire l'économie de tout travail de réflexion, de formalisation et de tri des informations accumulées. Ce travail, d'ordre essentiellement intellectuel, demeure indispensable si l'on veut favoriser une meilleure exploitation ultérieure. Cependant, dès lors qu'une équipe virtuelle a privilégié l'usage des outils partagés pour mener à bien son travail, toutes les activités, discussions et documents produits peuvent être conservés en l'état. La préservation intégrale des contenus ne facilite pas forcément le partage ultérieur avec d'autres équipes qui devront fournir un effort pour les comprendre et se les approprier. Cette mémorisation présente toutefois un avantage conséquent par rapport au simple archivage des documents : les produits de l'équipe, réunions de travail comprises, sont accessibles dans leur contexte, ce qui facilite une compréhension approfondie du processus et des savoirs mis en œuvre, particulièrement utile pour une nouvelle équipe désireuse d'étudier une expérience précédente avant de s'engager dans un processus similaire.

LES POINTS CLÉS À RETENIR

(1) **Le travail collaboratif et les évolutions du management : moins de hiérarchies formelles, plus de responsabilités partagées** – Les équipes développent le partage des informations afin de savoir et pouvoir agir de la bonne façon, au bon endroit et au bon moment. Un fonctionnement performant qui implique la compétence et la responsabilité des participants. Mais en contrepartie, ces équipes ne s'accommodent pas des rigidités statutaires, de la lenteur décisionnelle ou des absurdités bureaucratiques qui résultent d'un management essentiellement fondé sur l'exercice du pouvoir hiérarchique.

(2) **L'animation dans un environnement de travail électronique : des communications qui poussent à la mobilisation et à l'action** – Lancer une équipe virtuelle lors de sa première expérience, c'est déjà initier une nouvelle forme de management à distance et engager l'équipe dans un processus d'apprentissage. Pour conforter la démarche, deux phases sont cruciales : favoriser la mobilisation de départ (préférer une réunion face à face), puis maintenir la dynamique en exploitant les outils orientés « échanges » et « coopération » (bibliothèque de documents, messagerie, réunions électroniques).

(3) **La coordination du travail dans un environnement de travail électronique : outils et comportements d'autocontrôle au sein des équipes** – Des principes d'organisation collaborative et des méthodes de travail partagées sont sous-jacents à toute coordination efficace. Pas de contrôle du travail réparti si les objectifs, le plan d'action et les critères de réussite ne sont pas connus et partagés. Pas de coordination en équipe si les participants se reposent passivement sur la vigilance du responsable. Mais si l'équipe s'implique et joue le jeu, le dispositif de travail collaboratif tient alors un rôle puissant d'assistance à la coordination : il guide le déroulement optimal d'un processus (workflow) et fournit des signaux qui sont autant d'indicateurs de pilotage (état des ressources, alertes, rappels, information sur les événements et les travaux en cours, ….)

Les précautions essentielles

(1) **En cas de conflit au sein de l'équipe** – Les échanges électroniques sont moins propices au règlement des conflits que le téléphone ou le face à face. La bonne maîtrise des communications écrites à l'écran s'apprend. Mais en la matière, mieux vaut prévenir que guérir en favorisant les ajustements mutuels à distance et dans le calme, avant que les tensions n'éclatent.

(2) **En cas d'organisation par simple « groupe de travail »** – Contrairement aux équipes hautement collaboratives qui se donnent des objectifs clairs et énoncent des critères de réussite, les « groupes de travail » se forment souvent sans réel engagement ni enjeu pour les participants. Leur réussite dans un environnement virtuel reste fragile : elle implique un investissement fort et continu de la part de l'animateur, et repose sur une véritable volonté de coopération entre les participants.

(3) **En cas d'équipe placée sous le signe de l'urgence** – Le stress de l'urgence est généralement le fait des individus et des équipes qui mènent des projets en temps limité dotés de forts enjeux. Ces équipes se jettent sur les outils qui vont leur faire gagner du temps… sans se donner de délai pour apprendre à en faire un usage collectif. Pour que les résultats soient excellents et pour gagner du temps à long terme, lors des premières expériences ces équipes doivent s'accorder la durée nécessaire à l'appropriation du changement.

Cinquième partie

Appliquer l'e-communication au travail d'équipe

A vec l'introduction des NTIC dans les entreprises, l'environnement de communication contemporain est devenu extrêmement composite. Les rencontres face à face sont toujours bien
vivantes et, partout, les réunions font partie du quotidien. Les messageries électroniques sont employées presque aussi largement que le
téléphone. Beaucoup consultent des informations à l'écran mais la
majorité continue de lire des imprimés et si les ordinateurs s'utilisent
très couramment, on a recours plus facilement au stylo qu'à un
clavier. Oral et écrit, supports numériques et supports papier, outils
nouveaux ou anciens, les choix de communication sont multiples.
Sous l'effet de l'innovation, une réaction spontanée porte à croire que
tous les nouveaux médias se substituent aux anciens ; dans les faits,
les deux coexistent. On peut aussi penser que les différents médias
sont utilisés très rationnellement en fonction de leurs avantages
respectifs. En réalité, les habitudes modèlent très fortement les
usages et empêchent parfois de tirer immédiatement parti de la
nouveauté – à l'exemple du fax inventé dans les années 1960, dont
l'usage ne s'est répandu que dans les années 1980 et qui décline
avec le déploiement des messageries. Les nouveaux outils sont
censés apporter plus d'efficacité mais la juxtaposition des pratiques
nouvelles et anciennes crée des confusions qui nuisent souvent au
confort personnel et à l'efficience collective.

Il est évident que les réseaux électroniques ouvrent des possibilités
de communication techniquement plus étendues et mieux intégrées,
en particulier avec l'adoption des standards de communication sur
Internet. Toutefois, ce continuum entre les intranets d'entreprise et la
globalité du réseau Internet ne doit pas masquer le caractère
toujours composite du contexte de communication au sein des
entreprises. À ce jour, les réseaux numériques et téléphoniques
tendent à converger mais leur compatibilité n'est pas encore bien
établie. La faiblesse des bandes passantes sur les intranets ne facilite pas la transmission des images. Seuls les textes numérisés sont
à l'heure actuelle transmis et échangés facilement, rapidement et en
grand nombre, établissant sur les réseaux une large domination de
l'expression écrite.

En complément de l'écrit électronique, le téléphone et les images vidéo pourraient offrir des canaux plus complets pour l'expression orale et graphique tant sur les intranets que sur l'Internet. Le bon déroulement des échanges dépendrait, dans ce cas, de la qualité du dispositif et notamment de trois paramètres dont la facilité d'accès au matériel : à l'heure actuelle, une simple réunion audio-vidéo peut demander des heures de mise en place technique et le déplacement des participants vers un lieu équipé. Même si les possibilités techniques existent, les équipements ne sont pas très répandus et l'efficacité des échanges disparaît alors au regard des efforts requis. Autre point ayant son importance : la mise en scène des échanges. Pour qu'une communication par l'image simule avec une bonne approximation les situations de face à face, l'environnement des participants et surtout leur visage doit apparaître distinctement à l'écran. Si les cadrages et la qualité des images ne permettent pas de percevoir leur expression quand ils prennent la parole, les retransmissions vidéo sont sans effet sur la qualité des échanges. De même en ce qui concerne la synchronisation parfaite des images et du son. Si la vitesse d'échange des signaux ne permet pas la perception simultanée de l'image et de la voix, l'échange paraît mécanique et inconfortable, ce qui ne favorise pas la finesse d'expression ni l'interactivité.

Il est possible, à ce jour, de coupler une visioconférence avec des textes et des images présentés à l'écran, mais l'état actuel des offres et des techniques rend ce type de dispositif coûteux et compliqué. La situation ne devrait pas évoluer à court terme. Les organisations qui veulent rapidement tirer parti des espaces de travail virtuels voient le contenu des échanges s'afficher à l'écrit, en deux dimensions et dans les limites de l'écran.

Sans la présence physique des interlocuteurs et sans les ressources simultanées de l'oral, en quoi la communication sur supports électroniques peut-elle nourrir la performance de l'organisation ? Et comment communiquer à l'écran, établir la compréhension qui donne sens et cohérence au travail commun ?

Dans la vie courante des organisations, la communication d'entreprise est souvent définie par deux catégories sommaires : celle des relations extérieures destinées à promouvoir une image auprès du public, des clients et des partenaires et celle de la communication interne destinée à diffuser des messages à l'ensemble du personnel ou à certaines catégories spécifiques de salariés.

Les services et directions de la communication ont pour rôle d'organiser les échanges afin de produire des effets délibérés. Néanmoins, une entreprise peut vivre sans instituer un service de communication externe ou interne, car les divers collaborateurs et notamment les managers vont prendre en charge cette fonction. Quant aux communications d'ordre opératoire, elles ne sont pas intégrées dans les descriptions courantes de la communication d'entreprise. Elles sont pourtant reliées à l'essentiel, c'est-à-dire au travail : inscrites dans la banalité du quotidien, elles ont une valeur fortement organisatrice et sans elles une entreprise agonise rapidement.

Pourtant la plupart des organisateurs semblent penser que communiquer de façon opératoire, c'est uniquement transmettre des consignes de travail. Or, les interactions professionnelles qui traitent du travail à effectuer couvrent toute la problématique de l'organisation : tout s'échange dans le travail réalisé au jour le jour, depuis les questions sur les stratégies d'entreprise jusqu'aux nouvelles locales, en passant par les informations de détail très utiles à la coordination des tâches. Les organisateurs peuvent bien segmenter les types de communication, externe, interne ou opératoire. Dans la réalité, quand les individus travaillent et échangent dans l'action, ils relient ces types de communication sans les catégoriser : une consigne donnée par le manager va dépendre de son style, elle va être assortie d'explications sur les objectifs, elle va simultanément nourrir l'image de l'entreprise qui se construit à l'interne. La communication au quotidien – le discours des cadres, les explications données aux équipes, les échanges lors des réunions et même les discussions pendant la pause café – est très fortement liée à la production et à la culture d'entreprise.

Bien en deçà de la communication par l'événement ou par actions de marketing interne, c'est donc dans l'action que l'information et sa transmission ont une forte valeur organisatrice. L'information donne des indications sur l'entreprise et sur son environnement, tandis que la communication permet de mieux comprendre l'information, d'établir et de partager des connaissances au sein des équipes de direction et dans les groupes opérationnels. Avec la promotion des produits de Knowledge Management, le discours sur l'importance du capital connaissances a pris une place dominante, à tel point que les entreprises semblent plus préoccupées par l'accumulation du savoir sous forme numérisée que par son exploitation. L'objectif des échanges et du savoir partagé n'est pas la thésaurisation mais la qualité, l'innovation ou la productivité. « *Collecter de l'information et fournir celle dont les autres ont besoin, posséder une conception réaliste des événements et agir en conséquence est ce qui caractérise l'homme qui réussit* »[1]. Dans une organisation, l'information et la communication sont nécessairement finalisées et liées à l'action, donc aux processus qui génèrent de l'activité et de la valeur ajoutée.

• **Actions liées à l'information** : se renseigner pour trouver un document utile, connaître les événements en cours pour réagir rapidement, être au courant d'une décision pour s'y conformer, être avisé d'une instruction pour respecter une norme de production...

---

1. Gregory Bateson et Jurgen Ruesch, *Communication et société*, Seuil, 1988 pour l'édition française, page 53.

• **Actions liées à la communication** : expliquer les finalités d'un projet, transmettre des valeurs et une culture d'entreprise pour harmoniser les comportements professionnels, confronter des avis pour éviter une erreur, résoudre un problème, se coordonner très vite et au plus juste suite à un événement...

Pour nourrir cette perspective d'actions concrètes, la communication d'entreprise ne doit pas seulement s'appuyer sur des techniques ni tendre exclusivement vers un effet d'image. Elle ne peut pas non plus être conçue comme un simple processus de diffusion : une entreprise ne se porte pas mieux si la communication se réduit à la publication d'un journal interne ou à la distribution de brochures en papier glacé. Même avec les moyens modernes de l'intranet et de l'Internet, conserver la même démarche et afficher ce type d'informations ne change rien au devenir d'une organisation. C'est en effet au-delà de sa fonction informative que la communication en réseau apporte sa contribution aux processus d'entreprise. Elle se définit avant tout par sa dimension interactive et se caractérise par la variété des échanges.

Au sein d'un groupe de travail, les relations peuvent être occasionnelles ou soutenues, formelles et organisées ou bien informelles et inattendues. À l'oral, les échanges génèrent des effets bien connus de débordement et de désordre : la discussion rebondit et ne se structure pas spontanément dans une perspective d'efficacité professionnelle, surtout lorsque les débats se prolongent et s'égarent. Cependant, pour communiquer et travailler de manière efficace, les êtres humains ont aussi besoin d'échanges spontanés, de cette sociabilité qui permet d'établir le contact et de nourrir la cohésion et la coopération. Les échanges en entreprise reflètent la complexité des communications humaines dans leur dimension à la fois opératoire (centrée sur la tâche) et sociale (créant des liens entre les individus). Ce double niveau d'échanges est également nécessaire dans un espace virtuel si l'on veut qu'il soit favorable au travail. Or, en première approche, les médias électroniques ne semblent pas favoriser ces interactions car ils modifient les formes de communications connues :

– moins de présence physique : la notion de présence humaine se transforme ;

– moins d'échanges face à face : l'oral et les possibilités d'expression non verbale s'affaiblissent ;

– l'ordinateur et l'écrit à l'écran prennent plus d'importance : nouvelles formes de lecture et d'expression écrite.

Chapitre **12**

Les contacts humains
dans le monde des réseaux

Pour qu'une communication puisse s'établir, les deux interlocuteurs doivent être conscients de leur présence réciproque. Face à face, cette prise de conscience s'impose d'elle-même puisque les personnes se voient. Mais via un réseau électronique, seuls les messages rendent perceptible la présence des participants. À l'écran, l'écrit n'a pas pour seule fonction d'exprimer une pensée rationnelle ou de formaliser les résultats d'un travail : il permet à chacun de donner une image de soi et de percevoir celle d'autrui. Dans les espaces de travail virtuels, ce sont les impressions données à l'écran qui priment avec des interprétations plus ou moins justes sur la personnalité, les compétences et les activités de chacun. Lorsque les gens ne se rencontrent pas face à face, ils imaginent. Mais comment s'imaginent-ils au travers des espaces virtuels ?

Plusieurs recherches[1] semblent confirmer l'émergence de deux constantes : une première tendance consiste en effet à valoriser l'image que chacun donne de soi doublée d'une autre à idéaliser celle d'autrui. Bien que caricatural, le dessin ci-après illustre parfaitement un effet de ces tendances. L'image lancée et perçue sur les réseaux s'impose avec une force de vérité. Une bonne simulation peut donner

---

1. Quelques sources consultables sur le Web (pages consultées en juillet 2002) :
M. LOMBARD, T. DITTON, « *At the heart of it all : the concept of presence* », Department of Broadcasting, telecommunications & Massmedias, Temple University, USA.
Source Web : http://www.ascusc.org/jcmc/vol3/issue2/lombard.html
D. JACOBSON, « *Impression formation in cybersapce : online expectations and offline experiences in text-based virtual communities* », Department of anthropology, Brandeis University, USA.
Source Web : http://www.ascusc.org/jcmc/vol5/issue1/jacobson.html

une impression fausse. Tout le monde sait combien la posture, les vêtements ou la voix peuvent être modulés pour donner une meilleure image. Légitime valorisation de soi ou falsification délibérée ? Cette question revêt une acuité particulière lors des échanges virtuels. Malgré l'apparence de vérité, chacun sait que l'image est falsifiable et invérifiable et craint plus ou moins confusément qu'elle ne soit pas authentique. L'Internet marchand ne fait qu'accroître cette inquiétude : comment s'assurer de la qualité d'un produit ? Comment savoir si les compétences affichées sont réelles ? Comment être sûr que les entreprises et les individus qui travaillent sur Internet correspondent à ce qui est annoncé ?

**Figure 5-1 – Véritables émotions
mais fausses impressions sur Internet**

Un exemple manifeste de l'acceptation d'une fausse image d'autrui sur Internet. La réciprocité des attitudes entre les interlocuteurs crée une rencontre. Mais si le face à face venait à se produire, il y aurait contradiction entre l'espérance et l'expérience...

Publié en toutes langues sur le réseau Internet, ce dessin est accessible dans sa version française sur le site www.chez.com/webdelires

Ces considérations peuvent sembler bien éloignées des relations de travail qui se déploient sur un intranet entre les membres d'une équipe. En effet, les intentions ne sont pas les mêmes dans un espace de rencontres privées sur Internet et dans une réunion professionnelle. Néanmoins, que les espaces virtuels soient d'usage privé ou professionnel, ce sont des lieux propices au déploiement de l'imagination qui donnent lieu à toutes sortes d'initiatives. Les dérives peuvent aller jusqu'à la falsification délibérée, au risque d'altérer la confiance des échanges et la dynamique de travail. Dans ce contexte, la façon dont on se manifeste à l'écran joue un rôle important au sein des équipes virtuelles car elle influe à la fois sur la dynamique de confiance (quelle est la crédibilité des personnes qui travaillent ensemble sans bien se connaître et qui ne se rencontrent parfois qu'à l'écran ?) et sur la dynamique de travail (comment s'assurer de l'assiduité de chacun et de sa participation aux activités communes ?).

Pour ressentir la présence humaine

À l'écran, l'existence et l'authenticité de la présence humaine s'affirment par des principes et des procédés nouveaux, qui supposent une prise de conscience puis son implication dans les communications qui seront effectivement mises en œuvre.

• Manifester son identité réelle

Sur Internet, il est courant d'utiliser un pseudonyme dans une adresse e-mail pour conserver l'anonymat, ce qui permet, par exemple, d'apporter sans risque un témoignage dans un forum de discussion ou de visiter des sites Web en échappant aux opérations marketing des sociétés commerciales. Le pseudonyme est couramment employé par les participants des jeux en réseau dont la règle est justement de tenir un rôle et de prendre les attributs d'un personnage fictif.

Dans un contexte professionnel, on observe fréquemment l'usage de pseudonymes. Les adresses e-mail gratuites masquent aisément l'identité des personnes et des employeurs. Là encore, ces pratiques peuvent être une protection contre les intrusions commerciales, en particulier dans le domaine des transactions « B to B ». Elles sont très souvent un moyen simple de dissimuler la veille exercée par des sociétés concurrentes. Mais dans un groupe de travail, l'inscription dans un espace virtuel doit impérativement correspondre au patronyme réel : les relations de confiance et de collaboration professionnelle ne peuvent pas se construire sans règle d'authenticité sur l'identité des personnes en présence et sur la raison sociale de la société qui les emploie.

• **Manifester sa présence par l'activité**

Plusieurs indicateurs donnent un signe de l'activité des participants. Ces signes expriment leur présence mais donnent aussi une impression sur leur participation concrète, leur personnalité et leur compétence :

- Le nombre des interventions – Apports de documents, renseignements fournis dans les calendriers et gestionnaires de tâches partagés, avis donnés lors des discussions électroniques : plus un participant multiplie les interventions, plus il paraît présent et actif.

- Le rythme des interventions – Il est particulièrement sensible lorsqu'une équipe est en phase active, lors d'une discussion électronique, par exemple. En fonction de l'enjeu et des échéances, la fréquence des interventions donne à penser que le participant est présent et assidu. Si la durée d'une réunion électronique est de cinq jours, une seule contribution paraîtra insuffisante ; cependant, des interventions multiples et répétées pourront aussi donner l'impression qu'on n'a rien d'autre à faire...

- La longueur des interventions – Lors d'un travail en face à face, celui qui ne dit que quelques mots paraît en retrait, tandis que celui qui monopolise la parole semble prendre trop de place. Il en est de même dans un espace virtuel : celui qui écrit peu semble absent... mais celui qui écrit beaucoup semble manifester sa présence à l'excès. Il noie les autres participants qui rebutés par la longueur de ses textes vont fuir la lecture. Mettre en œuvre des capacités de synthèse devient une compétence cruciale à l'écran.

- La pertinence des contributions – Lorsqu'une intervention est bien en rapport avec le travail en cours, son auteur marque sa présence mais il fait aussi reconnaître la valeur de son apport personnel et marque ainsi sa place dans le travail d'équipe.

• **Manifester sa présence par des interactions**

Au-delà d'un affichage quantitatif et qualitatif des interventions, l'inter-activité est un marqueur essentiel de la présence des participants au sein d'une équipe :

– Les échanges de civilité – Comme dans une rencontre face à face, les formules de courtoisie servent à établir le contact en signifiant que les échanges sont ouverts de façon conviviale sur des « lieux communs ».

– Les rencontres inopinées sur les intranets/Internet – Plusieurs produits de travail collaboratif permettent de repérer les participants qui sont connectés au même moment, à quelque distance que ce soit. Les outils de « chat » (discussion en temps réel) peuvent alors être utilisés pour des échanges fortuits, pour demander des nouvelles ou un avis, à l'image des rencontres professionnelles au détour d'un couloir qui contribuent également à la cohésion sociale.

– Les réponses rapides aux questions des participants – Ce type d'échange constitue l'un des ressorts fondamentaux du travail collaboratif : la contribution de chacun à la résolution d'un problème rencontré par l'un des membres de l'équipe fait avancer le travail aux plans individuel et collectif. Lorsque des équipes virtuelles sont soudées, il est fréquent que les coéquipiers interviennent pour donner un avis ou fournir une ressource alors même qu'ils ne sont pas explicitement sollicités : interprétées comme des marques d'intérêt et de solidarité, ces manifestations nourrissent la cohésion et renforcent directement la production au sein de l'équipe.

Cinq erreurs de communication à ne pas commettre :

Annoncer un travail d'équipe sans enjeu conséquent – Pour une première expérience en équipe virtuelle, de nombreux managers choisissent des travaux sans importance réelle, leur souci étant de minimiser les risques ou de rassurer les participants en leur expliquant que l'échec sera sans importance. L'annonce paraît claire mais elle contient en fait un message implicite : si l'échec est sans importance, la réussite n'en aura pas non plus. Il est douteux que l'équipe soit sérieusement motivée par un effort de changement sans véritable enjeu professionnel.

Interpréter les silences sans vérifier les causes – Un participant éloigné ne se manifeste pas dans l'espace de travail commun, alors que le groupe vit une phase très importante : c'est sans doute un incompétent ou un velléitaire ! Avant de le juger ou de l'exclure de la liste des inscrits, il vaut mieux le contacter et vérifier si un problème technique n'a pas rompu la liaison...

Promettre que la communication virtuelle abolit le temps – Certains participants se font prendre au piège des promesses : on leur annonce des gains de temps sur un plateau de travail virtuel et ils sont surpris d'avoir à prendre du temps pour y participer. Certes, l'échange dans les espaces de travail collaboratifs évite les déplacements ou des recherches d'informations inutiles. Bien sûr, les heures gagnées peuvent être consacrées à produire plus ou à faire autre chose, mais la durée de participation reste incompressible : on ne peut coopérer sans prendre le temps de réfléchir et d'échanger.

S'exprimer avec imprécision ou ironie – La franche plaisanterie passe bien sur les écrans, mais pas l'ironie qui laisse trop de place à l'ambiguïté. Les malentendus sur réseau conduisent bien plus à la rupture ou au conflit ouvert que le face à face. Pour qu'un message complexe soit efficace, son contenu doit être précis et apporter des éclaircissements sur les intentions de son auteur.

Communiquer à l'écran pour fuir l'échange face à face – Certains participants utilisent les outils électroniques non par commodité mais pour éviter les désagréments du face à face. On peut croiser quelqu'un dans un couloir sans rien dire, mais lui adresser aussitôt après un e-mail désagréable produit un effet dévastateur. Les outils de communication électroniques sont faits pour l'échange et non pour fuir la difficulté des communications directes.

Le rôle perdu de l'expression non verbale

En quoi la parole et la présence corporelle sont-elles si importantes lors des échanges professionnels ? La communication orale recouvre une multiplicité de situations de travail : les échanges d'informations et d'idées qui sont les objets privilégiés des réunions, les rendez-vous qui engagent les relations commerciales ou les négociations préalables à un partenariat. Réunions et entretiens individuels sont l'occasion de mieux se comprendre, de s'influencer, d'exprimer ou de résoudre des désaccords, y compris lors des échanges fortuits et des moments de convivialité qui rythment la vie des organisations.

Dans toutes ces situations, l'oral apporte les qualités et les inconvénients de la compréhension et de l'ajustement à chaud. Les interlocuteurs réagissent immédiatement et s'impliquent plus facilement au plan émotionnel. Une autre caractéristique des échanges en face à face est de conjuguer les ressources de l'oral avec les formes d'expression non verbale. Les signes non verbaux, qui sont perçus et interprétés en même temps que les mots, ont des effets sur le sens global des messages échangés. Le tableau suivant rappelle les principaux modes d'expression non verbale caractéristiques des échanges humains :

Modes d'échanges	Signaux non verbaux
Vocaux	Volume de la voix, ton, timbre, accents, silences...
Corporels	Attitudes, postures...
Mimiques	Expressions du visage, orientation du regard...
Kinesthésiques	Gestes, mouvements et orientation du corps et de la tête...
Proxémiques	Distance observée entre les interlocuteurs, contact physique...
Environnementaux	Décor constituant le cadre physique de l'échange...
Sociaux	Vêtements, coiffure, aspect physique...

L'environnement physique tient un rôle souvent oublié dans une « bonne » communication. Tout un ensemble de signes permet aux interlocuteurs de se jauger et d'ajuster leurs positions respectives. Le décor, l'aménagement d'un bureau, le lieu de rencontre infléchissent la communication de manière implicite et tout le monde en joue, au moins de façon empirique : on ne discute pas affaires de la même façon au bureau et au restaurant, par exemple ; si l'on veut impressionner son interlocuteur, mieux vaut l'asseoir sur une chaise inconfortable et s'installer dans un fauteuil luxueux. Les signes non verbaux sont considérés comme un atout car ils permettent de mieux se comprendre, mais la parole et l'expression non verbale peuvent également déboucher sur une incompréhension. Le langage du corps, plus ou moins conscient et maîtrisé, contredit parfois le sens du message verbal : un visage fermé ou un regard fuyant accompagnant un discours aimable donnent une sensation de malaise qui peut perturber l'aboutissement d'un échange. La gestuelle diffère selon les cultures – on se parle de plus près au Sud de l'Europe qu'au Nord, et la proximité physique que recherchent les uns fait reculer les autres. Le respect des horaires varie également selon les cultures d'entreprise et les pays et, dans les réunions internationales, ces divergences sont fréquemment l'objet d'incompréhensions et de tensions. Dans les espaces virtuels, tous ces effets semblent disparaître. L'environnement physique est différent et les interlocuteurs sont privés de la voix et du geste. L'expression sur écran porte tout le sens des messages et le rapport à l'écriture et à la lecture en est modifié.

Passer de l'oral à l'écrit sur écran

Le passage de l'oral à l'écrit sur écran entraîne des conséquences qu'il convient de comprendre et de maîtriser si l'on veut favoriser l'échange et la compréhension mutuelle nécessaires au travail partagé. L'immense capacité de mémorisation des supports électroniques est bien connue. L'un des intérêts majeurs du papier était déjà de conserver la trace de la pensée ou du savoir bien plus efficacement que la mémoire humaine. Mais la multiplication des documents, dossiers, agendas, carnets, formulaires et notes diverses a aussi généré des contraintes et des difficultés. Globalement, si on oublie ce qui est dit, on perd aussi très souvent ce qui est écrit. En unifiant les supports de communication numériques, les technologies de réseau permettent d'échanger et de mémoriser documents et communications dans un même mouvement. Fonctionnellement, les outils de travail collaboratif recouvrent presque entièrement le champ des communications professionnelles anciennement réparties selon le clivage écrit/oral.

Malgré l'étendue des possibilités offertes à l'écran, trois types de communication internes et externes à l'entreprise demeurent faiblement couverts par les échanges électroniques :

– Les documents à valeur administrative ou juridique – Malgré les évolutions du droit, dont les avancées légales authentifiant la signature électronique, les dispositifs techniques et administratifs correspondants n'ont pas encore été complètement mis en œuvre. En 2002, les ventes en ligne progressent mais les courriers officiels et les contrats authentifiés par voie électronique demeurent des exceptions. Néanmoins, les dispositifs et les usages ne pourront qu'évoluer. Dans l'immédiat, ce sont les opérations administratives qui tendent à se simplifier, à l'exemple des services publics qui poursuivent la diffusion des formulaires électroniques et expérimentent le déroulement de certaines procédures sur Internet.

- Les échanges qui imposent de jauger les relations – Il s'agit des communications requérant toute la finesse perceptive du face à face : par exemple les entretiens de recrutement ou les négociations délicates.

- Les échanges qui mobilisent les affects – Dans le champ professionnel, il s'agit des rencontres rituelles visant la cohésion sociale (inaugurations, banquets, cérémonies) et des réunions nécessaires à la mobilisation des acteurs (lancement d'un projet par exemple). Tout ce qui concerne le règlement des conflits relationnels ou des dissensions collectives entre également dans cette catégorie.

Figure 5-2 – Le continuum des échanges électroniques

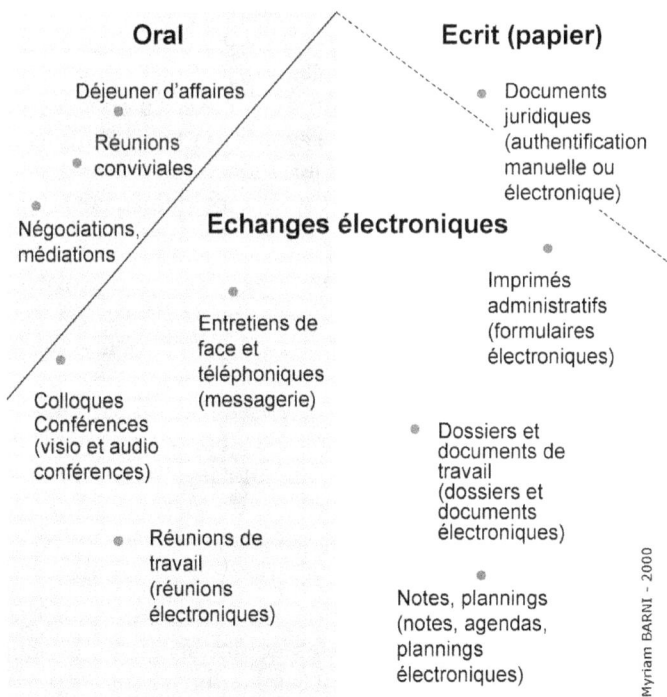

Oral — Ecrit (papier)

Déjeuner d'affaires

Réunions conviviales

Négociations, médiations

Echanges électroniques

Documents juridiques (authentification manuelle ou électronique)

Entretiens de face et téléphoniques (messagerie)

Imprimés administratifs (formulaires électroniques)

Colloques Conférences (visio et audio conférences)

Dossiers et documents de travail (dossiers et documents électroniques)

Réunions de travail (réunions électroniques)

Notes, plannings (notes, agendas, plannings électroniques)

Myriam BARNI - 2000

Dans tous les autres cas, le champ des communications professionnelles va être médiatisé par l'écrit interactif, et les communications
virtuelles vont pouvoir s'exprimer de manière aussi bien *informelle*,
sous forme d'échanges libres dans les limites autorisées par la
langue, les normes ou les conventions en vigueur (tous les outils de
travail collaboratif s'y prêtent) que *formelle*, en particulier sous forme
de documents ou de réunions de travail structurées.

Savoir éviter les échanges inopportuns

« *Les paroles s'envolent mais les écrits restent* », ce vieux dicton n'est
plus tout à fait vrai sur les réseaux. À l'écran, les interlocuteurs adoptent une langue assez proche du langage parlé, et ces « paroles » vont
pouvoir être mémorisées si les interlocuteurs le souhaitent. Dans
cette situation, certains s'expriment avec la même spontanéité qu'à
l'oral sans se préoccuper du fait qu'un message électronique peut être
gardé en mémoire par le destinataire. D'autres, pleinement conscients
des traces qu'ils peuvent laisser, pèsent longuement chaque mot, en
oubliant que dans un espace collaboratif (mais pas dans une
messagerie), l'auteur peut à tout moment rectifier ou effacer son texte
même s'il a déjà été publié dans l'espace partagé. Dans certaines
conditions, des experts en informatique – légalement mandatés ou de
façon illicite – peuvent aussi retrouver la trace des échanges à l'insu
des usagers.

Ce nouveau contexte doit être connu pour être contrôlable, tout
comme dans les situations plus classiques. Dans l'environnement
habituel, personne n'a de conversation hautement confidentielle dans
un lieu ouvert et très fréquenté. Tout participant à une réunion en face
à face apprend à maîtriser ses paroles et ses silences en fonction des
circonstances et des enjeux. Il s'agit d'un apprentissage de même
nature pour les communications à l'écran : la nature des échanges
s'établit en tenant compte des possibilités de mémorisation qui existent, en fonction des personnes en présence et selon le niveau de
confiance établi entre les interlocuteurs.

Globalement, les échanges professionnels sur ordinateur exigent de
nouveaux savoir-faire. L'efficacité des communications dépend des
compétences engagées pour exprimer la pensée de façon claire,
expressive et nuancée sans le secours de l'expression corporelle.
Cette compétence s'exprime déjà dans les discussions téléphoniques

et les écrits traditionnels. Cependant, il n'est pas possible de transposer à l'identique tous ces savoir-faire déjà constitués, car l'expression à l'écran répond à d'autres codes d'expression : on n'écrit pas à l'écran comme sur le papier et le dialogue à l'écran ne répond pas aux règles de la conversation téléphonique ni de l'échange face à face.

Chapitre 13

L'ÉMERGENCE
DE NOUVEAUX LANGAGES

Les échanges électroniques diffèrent des formes de communication traditionnelles, et ces différences sont en partie liées au maniement des outils utilisés. Le passage du stylo au clavier – souvent mal maîtrisé – va peser sur les conditions d'écriture : on ne prend plus de notes dans un carnet ou sur des feuilles volantes mais dans un agenda électronique ou des fichiers Word. Faciliter le travail individuel (l'écriture à la volée, au bureau, en déplacement…) et conserver une trace des échanges et des partages en réseau, c'est tout l'enjeu des ordinateurs portables et des PDA (« Personal Digital Assistant », ou organiseurs électroniques).

Pour être efficace, il convient d'acquérir une rapidité et une fluidité d'écriture « électronique » satisfaisantes. Cette nouvelle logique d'écriture directe à l'écran concerne aussi les dirigeants et les cadres. Habitués à déléguer les travaux de dactylographie à leurs secrétaires, ils sont amenés à maîtriser les rudiments du clavier s'ils ne veulent pas se couper des opportunités du monde électronique. En attendant que le stylo et le papier numériques tiennent leurs promesses – avec un retour à l'écriture manuelle – la pratique du clavier devient une compétence élémentaire liée à des possibilités d'expression et de communications courantes, ne serait-ce qu'au moyen de l'e-mail.

Les nouvelles formes d'écrit sur Internet

Lors d'un échange électronique, ce ne sont pas seulement les situations d'écriture qui changent mais aussi les conditions de lecture. Les études en cours montrent que la perception des textes et des images est différente sur papier et à l'écran, l'œil humain se portant plus facilement sur le texte mis en relief que sur les images[1]. Jakob Nielsen[2] a été le premier à diffuser une réflexion et des conseils relatifs à la communication sur les sites web dont l'information s'affiche à l'écran. Les milieux journalistiques, sous l'effet des mutations de la presse engagées par l'Internet, se montrent très actifs en ce domaine[3]. Les chercheurs en sciences humaines ne sont pas en reste, avec de nombreuses publications d'auteurs et la multiplication de travaux universitaires sur l'évolution des communications liée aux médias électroniques[4]. Dans le champ plus particulier des communications professionnelles sur réseau, de nombreux articles publiés sur le web (essentiellement aux États-Unis) indiquent l'effervescence des réflexions en cours. Les théories diffèrent, voire se contredisent et ce nouveau domaine de recherche, en pleine évolution, n'apporte aucune certitude.

Parallèlement à cette abondante littérature, l'expérience permet de dégager les premières observations empiriques. Sur l'Internet, de nouveaux codes pour l'écriture dialoguée émergent progressivement. Ces codes sont le plus souvent cités comme une caractéristique de la culture Internet :

---

1. Kathleen O'TOOLE, « Eye movement research points to importance of text over graphics on websites », Stanford on-line Report, Stanford University, http://www.stanford.edu/dept/news/report/news/may10/eyetrack-55.html (pages consultées en septembre 2001).
2. Voir le site de Jakob NIELSEN, http://www.useit.com/ (pages consultées en juillet 2002).
3. Voir par exemple un dossier complet sur l'écriture journalistique web proposé par un site belge par des spécialistes de l'information en ligne. http://www.redaction.be (pages consultées en février 2002).
4. Voir par exemple en France le site du département hypermédia de l'Université Paris 8, http://hypermedia.univ-paris8.fr (pages consultées en octobre 2001) et les articles proposés par le Laboratoire Tech-Cico de l'Université technologique de Troyes, http://tech-cico.utt.fr (pages consultées en juillet 2002).

Procédés	Exemples
Création de mots nouveaux	Un langage ésotérique d'initiés se crée simultanément par modification de l'orthographe, abréviations, anglicismes et expressions argotiques : « ctkool » veut dire « c'était cool », « mdr » « mort de rire » et plus sérieux « asap » qui signifie « as soon as possible ».
Emploi des majuscules dans le corps de phrase	Par convention, sur l'Internet, l'emploi des majuscules vise à signifier une émotion forte, souvent le cri ou la colère : « YAKELK1 ? » exprime le cri d'appel d'un nouvel arrivant dans une salle de « chat » où personne ne discute, à l'image d'une réunion durant laquelle tout le monde serait présent en gardant le silence.
Emploi des « smileys »	Les « smileys » sont des signes issus de l'écriture au clavier qui indiquent des émotions. L'exemple le plus connu est le signe :-) pour indiquer une plaisanterie ou un sourire.
Emploi des icônes	Copiées et recopiées en ligne, les icônes sont des images symbolisant des idées abstraites ou des objets virtuels : le dessin d'une bombe signale un problème, deux visages indiquent une zone réservée aux discussions virtuelles.

L'expression non verbale n'existant pas sur l'Internet, ces procédés de substitution permettent d'exprimer des nuances presque aussi rapidement qu'un sourire ou qu'un froncement de sourcils. Courants sur l'Internet non marchand où ils sont plutôt employés par les jeunes, ces codes pénètrent modérément les milieux professionnels, soit qu'ils apparaissent comme une inconvenance, soit qu'ils s'avèrent inaptes à exprimer un réaction complexe qui doit être précisée par des mots. Cependant, les intranets d'entreprise ne sont ni indépendants ni totalement coupés de l'Internet. Nécessairement en contact avec des clients ou des partenaires, les collaborateurs puisent en permanence dans l'Internet. Sur les réseaux, les équipes sont amenées à développer de nombreux contacts qui sont un vecteur d'évolution du langage. La maîtrise des échanges virtuels suppose une connaissance des nouveaux codes, même si les pratiques émergentes au sein des entreprises montrent des différences notables par rapport aux usages généraux sur le web.

Intranet : un monde d'hypertextes et de liens

Il existe bien à l'écran une continuité des caractéristiques des écrits professionnels les plus classiques. Cependant, y compris dans l'élaboration de documents formels, les médias électroniques les font évoluer de façon notable.

Le premier changement porte sur les pratiques qui structurent l'élaboration et la lecture d'un document. Certains textes partagés au format électronique sont de facture classique. D'autres intègrent des liens hypertextes ou sont entièrement conçus comme des hypertextes, écrits pour être lus par petites unités de texte de la taille d'un écran. Les documents de facture classique induisent une lecture continue, page après page. Les documents hypertexte se lisent en sautant d'une page à une autre suivant le principe de navigation de lien en lien. Techniquement, tous peuvent être consultés à l'écran ou être imprimés et lus de façon traditionnelle. La variété des procédés de conception et de lecture crée cependant des effets sur la qualité d'usage. La lecture d'un long document de facture classique est inconfortable à l'écran ; la lecture sur papier de documents hypertextes est pénible, car ils semblent manquer de liaisons logiques et de structure ; de plus, leur impression entraîne souvent un impressionnant gâchis de papier.

À ce premier changement s'ajoute une modification liée à la quantité d'informations disponibles. Lorsqu'un groupe de travail est très actif en matière d'échanges et de production, tous les participants alimentent l'espace documentaire. Une masse de documents est ainsi partagée et conservée, les informations sont constamment renouvelées et enrichies. Certaines deviennent obsolètes, d'autres s'accumulent et le flux varie. Cette profusion qui est un avantage coopératif risque d'entraîner une désorganisation permanente : le nombre de fichiers accumulés et leur mouvement continu rendent difficile l'accès au document utile et pertinent.

Devant la diversité des formes, la variété et la quantité des documents dans les espaces virtuels, le désarroi ressenti par un novice constitue un réel obstacle à la productivité des échanges sur l'intranet. D'un côté, impossible de traiter un document complexe sans maîtriser la langue classique, les règles d'écriture ou le vocabulaire professionnel ;

de l'autre, impossible de travailler sur Internet sans connaître les codes des médias électroniques et maîtriser les principes de navigation dans un monde d'hypertextes et de liens.

Tous ces mouvements mettent en évidence l'importance des règles qui gouvernent l'écriture et plus largement tout le registre des échanges qui se déploient sur les intranets. Si la communication écrite évoque la notion de document, les pratiques d'un espace virtuel font découvrir de nouvelles possibilités d'écriture dialoguée à l'écran. Lors d'un travail d'équipe, la communication est un moyen de connaître et de se connaître, d'expliquer et de s'expliquer en vue d'un objectif à atteindre. Dialogues et réunions virtuelles se répandent parce que la discussion est nécessaire à la compréhension sans laquelle toutes les informations partagées perdent une grande partie de leur valeur. Les nouvelles règles discursives vont donc jouer un rôle majeur pour la compréhension des échanges médiatisés par ordinateur.

À l'écrit comme durant toute réunion ou dialogue, l'orthographe, la syntaxe, le style d'une part, les formules de courtoisie et l'enchaînement des échanges d'autre part, réfèrent à des conventions traditionnelles, certaines clairement codifiées comme la grammaire, d'autres moins explicites. Ces règles s'appliquent avec moins de rigueur sous l'impulsion des communications électroniques. Parallèlement, d'autres conventions émergent, sous forme de règles[1] ou de façon implicite. Ce mélange d'habitudes et d'innovation aggrave la confusion. Le tableau suivant – fondé sur des observations empiriques à l'occasion de réunions électroniques – présente un relevé non exhaustif des mutations qui s'expriment spontanément dans ce contexte.

Au sein des équipes, des pratiques apparemment anodines révèlent des normes implicites. En effet, certains codes de compréhension reposent sur des connivences, l'emploi d'un jargon professionnel, par exemple. Mais lorsque de nouveaux comportements émergent et que les règles sont instables, ce caractère implicite peut altérer la compréhension – avec le relâchement de la syntaxe, le sens devient ambigu – ou bousculer des valeurs – en France, certaines équipes engagent spontanément des débats sur l'importance des règles orthographiques...

---

1. Par exemple, les règles de Nétiquette. Elles décrivent les comportements admis sur l'Internet mais elles sont loin d'être unanimement reconnues et observées.

Procédés	Exemples
Contraction des formules de politesse	Avec autant de simplicité qu'à l'oral, les mots « bonjour » ou « bienvenue » constituent souvent la totalité des formules de courtoisie. Mais on peut voir aussi des formes plus développées qui dénotent le style de relations : « Coucou. Non, non, je n'ai pas disparu dans le désert du Maroc. Je reviens de vacances et je rejoins la discussion ».
Modifications de la ponctuation	Les points d'exclamation, d'interrogation et de suspension ou les guillemets sont utilisés en abondance pour donner le ton : « Vieille génération ??? Vous verriez Odile, largement de votre statut et de votre âge, survoler son clavier !!! Disons que vous n'avez pas choisi la solution qui vous permet d'utiliser autrement vos pattes de devant... » Mais l'expression se libère des points finaux et des majuscules : « journée enrichissante cependant on va avoir besoin de règles claires beaucoup d'interrogations ?? sur la communication avec les collègues proches manager une équipe demande beaucoup de vigilance ».
Emploi fréquent des abréviations	Il s'agit en général de sigles qui font partie du jargon professionnel : « Le CALS-PACT n'est pas adapté, l'AFP fait les mêmes dossiers. Quand loc travaille, demande 1 % CIL, quand loc ne travaille pas, demande AGI ».
Emploi des couleurs et jeux typographiques	La variation des polices de caractères ou des couleurs est un moyen couramment employé pour souligner l'importance d'une idée : « Si nous cherchons désespérément des réponses qui sont connues de nos collègues c'est parce que nous ne connaissons pas le travail des autres . »

Les groupes qui rendent leurs conventions de langage explicites renforcent leur efficacité : va-t-on tolérer un style relâché, les fautes d'orthographe, le tutoiement ? Quelle est la signification précise du vocabulaire professionnel employé ? Quelles définitions permettront d'éclairer les nouveaux participants ou de faciliter l'interdisciplinarité ? Toutes ces questions soulèvent quelques discussions mais elles aboutissent à des décisions communes ayant pour effet de lever les doutes et les réticences. L'objectif est d'éviter ainsi tout ce qui ralentirait ou bloquerait l'expression, empêchant de travailler collectivement à partir de règles consensuelles.

Chapitre 14

ILLUSTRATIONS PRATIQUES

Au départ, les intranets d'entreprise n'ont pas été envisagés comme une opportunité d'établir des dialogues conviviaux ou des réunions de travail bien structurées. Ils ont eu le plus souvent pour vocation de transmettre et de partager des stocks de documents. Une métaphore très répandue décrit l'Internet comme une « *immense bibliothèque planétaire* » et la plupart des intranets ont d'abord été conçus comme des « intranets de publication ». La place donnée à l'écrit numérique a concentré l'attention sur le partage des documents de travail. Dans cette perspective, les NTIC dans les entreprises ont d'abord été appliquées à la gestion des circuits documentaires, avec le développement des premiers produits de GED.

Par rapport à cette vision de l'Intranet centré sur l'information et le document, les espaces de travail collaboratif introduisent une rupture. Les documents sont d'abord considérés comme des ressources ou des produits du travail et non comme des objets d'enregistrement ou d'archivage. Dans cette perspective, l'environnement électronique partagé doit plutôt apporter à chacun les moyens de façonner son propre univers de matériaux informatifs, en puisant aux sources internes (produits des capitalisations antérieures engrangées sur l'intranet) et externes (ressources tirées de l'environnement et notamment de l'Internet) ainsi que les moyens de restituer à la communauté d'entreprises des informations, des connaissances et des produits (capitalisation des connaissances et des produits générés au format électronique).

L'accent est mis sur l'action et la communication et non pas uniquement sur l'information. Trois situations illustrent cette approche :

- le partage des documents dans le cadre d'un travail de groupe ;
- l'élaboration partagée d'un document au sein d'une équipe ;
- les échanges structurés lors des réunions de travail électroniques.

Le partage de documents : échanger les savoirs

La plupart des entreprises valorisent le partage de documents, car l'accès à des bases d'informations communes constitue un premier pas pour diffuser le capital de connaissances collectives et faciliter le travail de chacun. Dans les grandes organisations, il peut s'agir de bases documentaires aux accès largement ouverts. Dans une équipe, le cadre est restreint, mais le partage des documents est une activité élémentaire pour échanger les savoirs et les savoir-faire. Dans ce type de situations, les personnes en présence mettent en commun les ressources que chacun a trouvées ou produites de façon individuelle, sans pour autant avoir à élaborer un document de façon coordonnée.

Ces partages sont souvent organisés de façon très autonome par les groupes qui gèrent eux-mêmes leurs matériaux informatifs. Dans un espace de travail collaboratif, cette organisation se traduit par le développement de bibliothèques virtuelles, et en complément, par des échanges qui contribuent à la construction des savoirs partagés. Le partage de documents ne se réduit donc pas à l'empilement de documents. Il n'est pas non plus totalement assimilable au surf sur le Web que l'on effectue à titre ludique ou privé. Toujours situé dans un cadre professionnel, le partage des documents dans un espace collaboratif génère des situations de communication spécifiques marquées par l'emploi d'un dispositif technique, héritant en cela des caractéristiques de lecture et d'écriture propres au monde des réseaux. Mais le contexte de travail et les finalités poursuivies modèlent aussi les conditions d'accès et d'exploitation efficace des documents.

Lorsqu'on recherche des informations dans un cadre professionnel, on vise généralement la sélection de quelques documents pertinents afin de soutenir une réflexion ou de mener à bien une tâche. Or, la lecture à l'écran et l'ensemble des techniques sur le web ou l'intranet incitent au survol de tous les documents disponibles : suites de liens hypertexte et de pages accessibles d'un clic, nouveaux documents à découvrir, etc. Propice à l'exploration, un espace de partage documentaire acquiert facilement une dimension ludique mais les séries de clics et de liens hypertextes provoquent aussi un effet de saturation. La lecture devient superficielle et les participants se livrent à une poursuite stérile d'informations. L'exploration de la richesse informative engendre alors un sentiment d'inefficacité et de perte de temps.

Ces effets négatifs conduisent souvent à remettre en cause l'intérêt de l'outillage électronique, alors qu'ils résultent de méthodes de travail inadaptées : les documents sur ordinateur ne se communiquent pas comme des dossiers imprimés. De nouveaux procédés de présentation des documents doivent être mis en œuvre afin de tempérer la désorientation propre aux affichages électroniques. Le premier changement porte sur l'organisation documentaire.

• Dans une documentation classique

– la norme de classement fait référence à des standards internationaux ou à des règles propres à l'entreprise ;

– les choix de classement normés sont établis de façon générale et s'imposent aux différents collaborateurs ;

– le rôle du « documentaliste » est assuré par des personnes spécifiquement affectées à cette activité et dont le rôle consiste à fournir un service aux personnes intéressées.

• Dans le cadre d'un partage coopératif

– le groupe ou le réseau établit sa propre norme d'organisation et de classement des documents ;

– les choix de classement évoluent avec l'activité du réseau : l'indexation des documents électroniques et les outils de recherche offrent de nouvelles possibilités de repérage des informations pertinentes ;

– les participants n'ont pas recours à un documentaliste : globalement, tous les membres de l'équipe fournissent des documents et donnent leur avis (éventuellement par l'entremise d'une assistante chargée de relayer ces opérations), et tous puisent directement aux sources documentaires.

Dans un espace collaboratif, le groupe maîtrise individuellement et collectivement le processus de partage, ce qui a pour effet d'éviter la rétention des documents et d'accroître la pertinence du recueil d'informations et de connaissances. La formule vise à optimiser le niveau d'information et les capacités d'actions qui en résultent. Ce niveau de performance implique que les participants ne soient pas des consommateurs passifs et fassent un effort de coopération, allant au-delà du simple enregistrement d'un document pour le déposer dans une zone commune. Lorsqu'un document est partagé, la démarche collaborative suppose d'envisager le point de vue de la personne susceptible de rechercher ces informations. L'effort coopératif consiste à présenter le document de sorte qu'il soit aisément *repérable* (respect des règles d'organisation choisies en commun) et que son intérêt soit aisément *identifiable* (commentaires et explications susceptibles d'éclairer le sens ou l'utilité du document).

Compte tenu de ces changements qui mobilisent de nouveaux rôles, comportements et savoir-faire, il est possible d'articuler plusieurs procédés pour partager des documents de manière efficace.

• Table d'orientation

La topographie générale d'un espace virtuel est plus facilement appréhendée au moyen d'une carte. Dans le cas du partage de documents, la carte des dossiers traduit les choix de classement. Visible dès le premier accès, cette structure joue le rôle d'une table d'orientation : elle représente les contenus disponibles et les chemins permettant d'y accéder. Certains produits proposent des représentations nouvelles, utilisant à la fois des symboles graphiques, des éléments de texte et la mise en place de liens pour figurer l'espace électronique et l'accès aux différents contenus qui y sont accessibles. Ces évolutions, dont certaines expriment une volonté esthétique, sont notables en page d'accueil de nombreux sites web. Certains produits, dits de portail, proposent des modes de représentation dynamiques avec l'affichage de plan de sites qui évoluent à l'écran en fonction des choix de l'utilisateur[1]. Ces tendances sont révélatrices du besoin d'évolution et de renouvellement des interfaces qui doivent permettre d'appréhender la masse d'informations accessibles dans un espace de travail électronique. Dans leurs versions actuelles, la plupart des

---

1. Voir par exemple le mode représentation et de navigation généré avec le produit Inxsight Star Tree, http://www.inxight.com/products/

produits de groupware proposent encore la visualisation directe des dossiers sous forme d'une arborescence, typique de l'organisation par dossier dans l'Explorateur Windows.

• **Emploi des liens hypertexte**

Dans un espace de travail collaboratif intranet, les informations sont inscrites sur une page web repérée par son adresse URL, comme sur l'Internet. Les liens hypertextes guident la lecture à l'intérieur comme à l'extérieur de l'espace partagé, et l'orientent vers un site web proposant, par exemple, des ressources utiles. Techniquement, ces liens sont librement mis en place par toute personne partageant une information mais leur quantité engendre la confusion. Pour l'éviter, tout en tirant parti des possibilités d'orientation par navigation hypertexte, il convient de :

– ne pas proposer plus de 5 à 7 liens par page-écran : trop de liens incitent à la digression et découragent la lecture ;

– décrire le contenu en quelques mots. Cela vaut surtout lorsqu'une adresse URL ne permet pas la compréhension immédiate.

Le document http://golden.achatdepommes.fr se passe d'explications. Elles seront en revanche bien utiles pour aller à la page http://www.kekseksa.xyw.nsl.org

• **Donner du sens aux documents**

Le sens d'un document n'est pas toujours évident au vu du titre et la lecture du texte ne permet pas non plus d'établir une signification univoque. La compréhension d'un texte varie selon les individus et la culture professionnelle des personnes en présence. Un article savant sur le clonage des cellules humaines sera très clair pour un biologiste mais beaucoup moins pour un sociologue. Un bilan de résultat annuel ne sera pas lu de la même façon par un comptable, un syndicaliste ou un directeur d'entreprise, et chacun y verra des enjeux différents. Le sens n'est pas entièrement porté par le texte et, quelles que soient les intentions de l'auteur, la compréhension et l'emploi du document dépendent aussi du lecteur.

Lors de la transmission d'un document en face à face, les interlocuteurs échangent souvent quelques mots d'explication qui éclairent le but de cette transmission ou bien le sens et l'utilité du document. En cas de transmission écrite, une lettre d'accompagnement, un simple post-it ou un commentaire en marge jouent ce rôle d'information sur la nature du document. C'est en vue du même résultat que tous les produits de groupware offrent une fonction fondamentale et caractéristique : il s'agit de l'association d'un fichier partagé (le document de travail) à des commentaires immédiatement lisibles à l'écran (information d'accompagnement). Les commentaires sont toujours rédigés en langage *naturel* – par opposition au langage informatique, dit artificiel. Cette possibilité d'expression très simple et très ouverte permet de préciser le sens d'un document avant même de l'ouvrir, ce qui facilite le travail de recherche et de sélection du lecteur.

Figure 5-3 – Exemple de commentaire associé à un document partagé

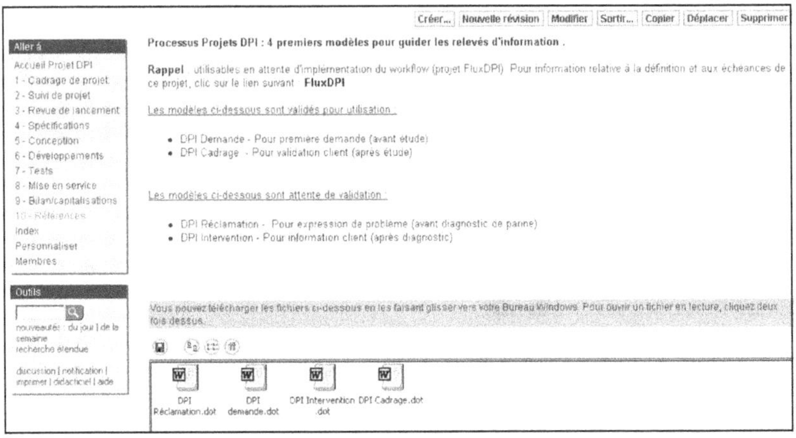

Dans l'exemple ci-dessus les commentaires associés aux documents partagés apportent des explications sur leur mode d'emploi.

Aménagement d'une page documentaire avec le produit IBM/Lotus QuickPlace, 2002.

Alors que la plupart des documents de travail sont conçus pour être imprimés et lus sur papier, les commentaires qui accompagnent les documents partagés sont destinés à être lus à l'écran. C'est à ce niveau que les avantages et les inconvénients de la lecture en survol sont mis en évidence. Ce type de lecture, rapide mais superficielle, conduit à modifier certaines règles de rédaction et de présentation des textes qui accompagnent le partage d'un document de travail :

– Le style est relâché pour s'approcher de la simplicité d'expression qui prévaut dans une réunion de travail : tutoiement, humour, vocabulaire simple, style abrégé. Proche du langage parlé, l'écrit à l'écran tire parti des connivences au sein du groupe et facilite la compréhension en lecture rapide.

– L'information la plus importante est placée au début pour qu'elle soit lue en premier. Contrairement aux règles de rédaction classiques, les conclusions ou les arguments forts doivent apparaître en haut de l'écran, suivis des arguments de moindre importance et des points de détail qui peuvent être lus par défilement sans être immédiatement visibles.

– Les caractères gras sont utilisés pour mettre en valeur les titres et les mots importants car ils sont plus visibles que le souligné. Des caractères de couleur sont intéressants pour mettre en relief des éléments de texte mais il convient de limiter la palette pour ne pas fatiguer la vue.

– Les listes attirent l'attention et facilitent la compréhension : à exploiter à l'écran pour exposer des idées complexes qui demandent plus de concentration.

– Insertion d'images : à l'écran, le regard se fixe sur le texte mis en relief plutôt que sur les illustrations. Les images seront donc mieux perçues si elles sont placées entre deux éléments écrits. Préférer les petites images informatives aux images uniquement décoratives : le téléchargement des images étant plus lent que le texte, il ralentit la consultation des documents transmis sur l'Internet.

– Les titres courts inspirés du journalisme sont à privilégier : « Bilan 2002 : un succès » est toujours préférable à « Compte rendu portant mention des résultats positifs au terme de l'année 2002 ».

– Les phrases et les paragraphes sont raccourcis : voie passive, doubles négations et syntaxe élaborée ralentissent la lecture et incitent les lecteurs à « sauter des passages ». Il en est de même pour les paragraphes qui articulent plusieurs idées complexes. Par contre, les paragraphes courts présentant chacun une idée générale favorisent la compréhension.

• **Crédibilité des documents**

Partager des informations, c'est forcément en faciliter la diffusion et la copie, ce qui ne va pas sans problème. Sur l'Internet, la profusion des documents s'accompagne d'incertitudes sur leur qualité et sur l'authenticité des auteurs. Dans un espace collaboratif, l'auteur du document n'est pas toujours celui qui le dépose dans la zone de partage. Le partage ou « publication » étant ainsi très libre, la fiabilité des sources et le contexte des documents sont primordiaux pour qu'on puisse les exploiter avec confiance. Les indices suivants constituent des précisions minimales :

– situer le document en citant expressément le nom de l'auteur, même lorsqu'il s'agit d'un document interne ;

– crédibiliser le document en indiquant la source complète – nombre de documents ayant une origine externe – selon la codification traditionnelle : auteur, titre, éditeur, année. S'il s'agit d'un document trouvé sur Internet, il convient d'ajouter son adresse URL, la date de consultation et éventuellement le nom du site à l'origine de la publication.

• **Un impératif : l'animation des échanges**

Dans un espace de travail collaboratif, les documents s'accumulent mais leur flux et leur contenu sont variables et leur partage est un processus dynamique : le besoin de recourir à un document dépend du travail à effectuer et peut intervenir à tout moment. Certains documents deviennent obsolètes et sont archivés, détruits ou renouvelés. Sans ce mouvement qui implique la participation des acteurs, une zone de partage documentaire est vouée à une extinction rapide. Un partage de documents réussi n'échappe pas au besoin d'animation ni à l'application de règles de coordination minimales.

Rédiger des documents « à plusieurs mains »

Dans la situation du partage de document, plusieurs collaborateurs utilisent certaines pièces recueillies ou produites individuellement. Toutes les entreprises connaissent une autre situation typique, la « rédaction à plusieurs mains » : les documents sont d'emblée élaborés et rédigés en groupe. Les cas de figure sont très variables. Par exemple :

– Les comptes rendus de réunions ou d'assemblées révisés par les participants : les documents doivent intégrer les diverses remarques ou amendements avant la rédaction définitive.

– Les circuits de validation des documents : ils supposent l'intervention d'une chaîne hiérarchique ou d'experts qui vont apporter des modifications pour assurer la qualité du contenu et de la forme administrative ou juridique avant diffusion.

– Les documents complexes qui formalisent le résultat d'un travail produit en commun par des professionnels ou des experts : les travaux rédactionnels sont répartis, et les différentes versions produites par chacun des auteurs évoluent jusqu'à leur intégration dans un document final. Dans ce dernier cas, les enjeux sont particulièrement importants car ces documents alimentent directement les processus de décision ou de production.

En effet, certains documents ont pour but d'éclairer les choix possibles, par exemple les études d'opportunité ou les rapports de bilan. D'autres concrétisent les résultats d'un projet en cours à chacune des étapes, ainsi lorsque plusieurs experts travaillent selon leur domaine de prédilection à établir une maquette. Certains produits documentaires joueront directement un rôle dans les transactions établies avec les clients, car ils ont pour finalité d'orienter les comportements et de contribuer au déclenchement des achats, comme une proposition commerciale ou bien un support marketing. De nombreux documents constituent en eux-mêmes des produits ou des services directement commercialisés ou bien mis à la disposition du public, par exemple une publication scientifique ou une documentation technique accompagnant un produit.

Longtemps, toutes ces opérations d'écriture collective ont impliqué des réunions autour d'une table et ont été réalisées avec stylos, papier, ciseaux et le secours des photocopieuses. Depuis quelques années, les plans et maquettes, qui constituent une grande part des documents professionnels, sont produits avec les logiciels de CAO/DAO[1]. Dans de multiples cas, une iconographie est devenue bien plus facile à constituer avec des logiciels très largement diffusés qui traitent toutes sortes d'images au format numérique. De façon encore plus courante, les logiciels de traitement de texte ont allégé le travail de co-rédaction avec des fonctions telles que « copier/coller » ou « suivi des versions ». En fait, les outils dits « bureautiques » constituent désor-

---

1. CAO/DAO : les systèmes CAO, Conception Assistée par Ordinateur, permettent l'étude et la représentation d'un objet sans prototypage. La DAO, ou Dessin Assisté par Ordinateur, désigne de façon plus étroite les logiciels destinés à la représentation graphique des objets en 2D ou 3D.

mais de réels outils de production. Dans un même espace collaboratif, ils sont directement accessibles et associés au maniement des
outils de communication. La production d'un document (au format
électronique) est ainsi directement associée à son échange (via le
réseau numérique) au sein du groupe.

**• Les limites de la messagerie dans un processus
de co-rédaction en groupe**

Les messageries sont largement employées pour faciliter le partage
des différentes versions d'un document à chaque étape de production. L'e-mail est assez bien adapté à la coproduction d'un texte par
deux personnes qui travaillent ensemble et procèdent par allers-
retours successifs. Toutefois, l'e-mail n'évite pas les confusions :
quand le document est complexe, que les participants sont
nombreux et que les délais sont serrés, les versions électroniques se
multiplient dans le désordre. Comparativement à l'échange entre
deux personnes, le nombre et la complexité des interactions croît très
rapidement dès lors que les membres d'une équipe se multiplient.
Les messageries n'ont pas été conçues pour soutenir cette forme
d'interactions et de travail en groupe. Afin de produire un document
complexe, les acteurs sont tenus d'organiser les différentes étapes
avec rigueur : plan général du document, répartition des plans à
dessiner, des calculs à effectuer, des textes à rédiger puis à réviser.
Jusqu'à la mise en forme finale, les membres de l'équipe doivent
s'accorder en vue de réaliser un ensemble rédactionnel cohérent.
Œuvre commune, l'élaboration d'un document « à plusieurs mains »
n'est pas la juxtaposition bout à bout de morceaux hétéroclites. Le
processus repose au contraire sur d'étroites coopérations et coordinations supposant des ajustements mutuels :

– co-conception (vision collective du document à produire et
des étapes nécessaires à son élaboration) ;

– co-élaboration (les contenus produits individuellement sont
rédigés pour s'intégrer qualitativement dans un même cadre
collectif) ;

– co-validation (les contenus produits individuellement sont
révisés sur le fond et la forme en fonction des critères d'organisation commune).

Cette organisation typiquement collaborative correspond très étroitement au travail d'équipe. Les environnements électroniques offrent
aux groupes des espaces propices à l'organisation collective des

travaux de co-élaboration des documents, visant comme bénéfices l'évitement de pertes de temps dues à la manipulation des informations sur papier, l'enrichissement de la coopération au profit de la qualité du document produit en commun, l'amélioration de la coordination nécessaire à la cohérence du résultat final.

Dans l'optique d'une meilleure efficience, ce ne sont pas les messageries mais deux outils de communication spécifiques qui sont alors exploités de façon particulière : les bibliothèques et les réunions de travail virtuelles.

• **Les bibliothèques de travail collaboratives**

Elles permettent à la fois de constituer la documentation utile aux auteurs d'un dossier, de présenter un accès permanent aux dernières versions en cours et de conserver la trace des écrits aux différents stades de leur élaboration.

Figure 5-4 – Espace de travail collaboratif organisé en bibliothèque de travail

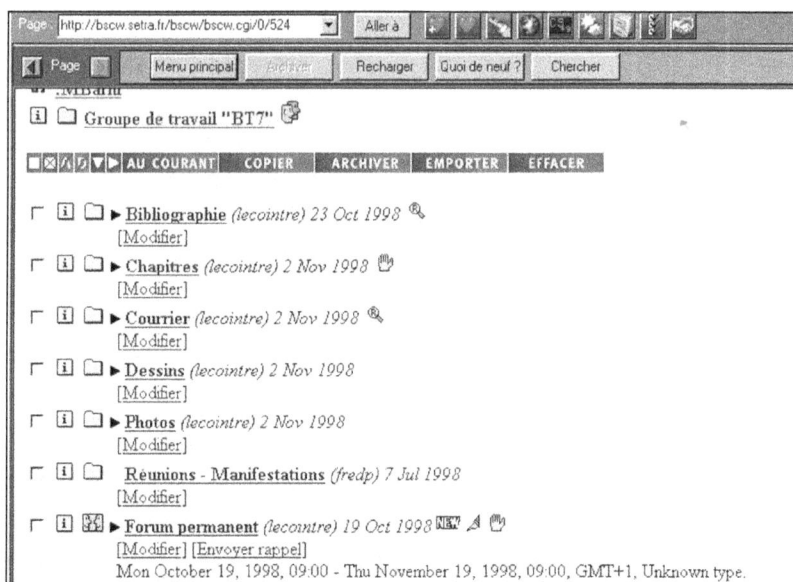

Groupe projet de refonte du bulletin Technique N° 7 – SETRA Ministère de l'Équipement, 1998

Outils de travail collaboratif open source BSCW©, http://bscw.gmd.de/

Une équipe prépare une proposition commerciale en un temps record

Créée en France voici 15 ans environ, cette société d'ingénierie des transports est en plein essor. L'entreprise se développe, mais elle doit pouvoir encore mieux faire. En effet, des contrats majeurs ont été emportés, mais certaines affaires ont été perdues. Le maintien de la qualité au niveau requis a entraîné des surcoûts, les marges bénéficiaires n'ont pas toujours été celles qui étaient attendues. La direction identifie une vraie faiblesse en phase d'offre. L'étude initiale des opérations et le chiffrage des projets sont critiques, en raison des répercussions notables en phase de réalisation des projets. Avec l'emploi des nouveaux outils de travail collaboratif, une meilleure communication peut-elle permettre plus de rapidité et de pertinence en phase de formulation des propositions commerciales ? M.G. saisit la balle au bond : cumulant selon les cas les rôles d'ingénieur d'affaire et de chef de projet, il doit justement coordonner la réponse à un appel d'offre. En gardant à l'esprit les objectifs d'amélioration fixés par la direction, son point de vue est marqué par des problèmes pratiques. La proposition commerciale doit déboucher sur un grand projet et les enjeux économiques sont forts, mais la préparation promet d'être délicate.

En premier lieu, l'opportunité à saisir a été connue un peu trop tard, et comme trop souvent, l'offre doit être formulée en urgence : l'équipe dispose de 4 semaines pour traiter chaque aspect technique de ce dossier, établir chaque chiffrage ; ajuster et rédiger la proposition d'ensemble compte tenu du contexte concurrentiel et commercial ; vérifier les aspects juridiques et administratifs, valider avec le chef du service des offres. Si au moins le dossier était simple ! Or plusieurs attentes définies par le client sont inédites et les particularités de ce dossier impliquent de solliciter des avis d'experts. Sur certains points à traiter, tout va bien, deux ingénieurs spécialistes sont sur place. Mais deux autres ingénieurs dont l'expertise serait requise sont éloignés pour superviser leurs chantiers, l'un à l'autre bout de la France et l'autre au Portugal. Quant à M.G., il a lui-même prévu une suite de déplacements qui vont heurter son rythme de travail. La situation empêche typiquement de travailler comme il faudrait, c'est-à-dire vite, bien, en réfléchissant calmement et à plusieurs.

M.G. passe alors quelques coups de fil et propose aux autres ingénieurs de travailler sur une plate-forme de travail à distance. La première réaction est plutôt favorable, car tout le monde est stressé par avance en pensant à l'organisation, à commencer par le syndrome de la page blanche. Habituellement, les propositions déjà effectuées ne sont guère réutilisées, et tout le monde démarre à l'aide de documents vierges, en perdant beaucoup de temps pour réunir la documentation utile. Ensuite, les éléments vont se croiser par mail, chacun présentant les choses à sa manière et ignorant plus ou moins ce que font les autres. *A priori*, on sait déjà que les critiques et les problèmes risquent de fuser a posteriori.

Plutôt séduite par le principe et les outils du travail collaboratif, la petite équipe émet pourtant des objections solides : personne ne connaît le logiciel à exploiter. Avec le temps pris pour organiser une session de formation, au total la proposition ne sera pas réalisée plus vite. Qu'à cela ne tienne, le problème est résolu en adaptant la formation aux particularités de la situation, sous forme d'un apprentissage guidé à distance : les explications seront données individuellement par téléphone, chacun pouvant appréhender le même environnement de travail collaboratif via son ordinateur personnel. Les explications seront aussi concentrées sur l'essentiel : comment M.G. peut organiser les zones de travail virtuelles, comment partager et gérer les différentes versions d'un document électronique, comment discuter en ligne pour résoudre les points délicats de la proposition. À ces conditions, toute l'équipe accepte l'expérience. En quelques jours, les explications minimales de départ ont été données à chacun, le bureau virtuel est aménagé sous forme de zones de travail thématiques. Au bout d'un mois, M.G. donne des nouvelles. Son bilan est mitigé, et pourtant il est vraiment satisfait du résultat obtenu. Or plusieurs facteurs penchent du côté négatif. Le premier loupé concerne la gestion des versions successives des documents. Deux membres de l'équipe n'ont pas exploité cette fonction qui leur a semblé pénible, et les fichiers se sont multipliés plus qu'il n'aurait fallu. Quant aux réunions, elles ont été assez pauvres, sauf une qui a entraîné un réel débat. Cette réflexion collective a été très utile, mais du coup, les échanges vifs et nombreux ont tourné à la confusion, et sur ce point les co-équipiers ne sont guère satisfaits.

Néanmoins, les aspects positifs du bilan l'emportent. Comparativement à d'autres travaux du même genre, la proposition a été élaborée plus rapidement. Premier avantage identifié : le travail commun s'est déroulé sans que personne n'ait perdu de temps à se déplacer. Pour faciliter le travail, M.G. a partagé un plan et des documents type : cette démarche initiale a permis d'accélérer la mise en route, en adoptant dès le départ des choix rédactionnels convergents. L'équipe souligne unanimement les gains de cohérence et leurs effets qualitatifs : tout ce qui a trait à l'élaboration en cours est visible, disponible sous la main, la progression du travail est plus visiblement ordonnée. Les liens entre les aspects techniques, administratifs ou commerciaux s'établissent avec plus de facilité, favorisant plus d'intelligence collective.

Quant à M.G., il a goûté une nouvelle sorte de confort dans son rôle de coordinateur. Mobile, il a vraiment apprécié de travailler sur des documents constamment à jour, à partir de n'importe quel ordinateur connecté sur Internet. En déplacement – il a investi deux euros – il a même profité d'un temps creux entre deux rendez-vous pour alimenter une discussion virtuelle à partir d'un cyber-café !

Au bout du compte, le bilan s'avère très largement positif, mais si l'on visait un idéal collaboratif, des progrès seraient encore à faire. Pressée par l'urgence, l'équipe a exclu l'étape ultime de révision collective du document, et c'est M.G. qui a parachevé la rédaction finale. S'il s'est largement appuyé sur les avis d'experts, il a endossé seul certains choix proposés *in fine* à son client. L'expérience montre combien, pour intégrer des contraintes propres au monde des entreprises, les usages s'éloignent des grandes idéologies du consensus et de la participation tous azimuts. En respectant quelques principes et des règles du jeu fondamentales, les bonnes pratiques s'ajustent en fonction des personnes, des enjeux et des circonstances : il n'existe pas de modèle unique, pas de « one best way », mais des processus d'adaptation intelligente, épousant les caractéristiques de chaque processus de « rédaction à plusieurs mains » mené en équipe.

Dans cette forme d'écriture réalisée par des co-auteurs, les fonctions des bibliothèques de travail virtuelles sont triples.

– En co-conception : partage des objectifs et visibilité des travaux menés par chacun des co-auteurs, permettant une connaissance collective des avis, des expertises et des ressources documentaires apportées par chacun ainsi qu'une vision panoramique de l'étendue des travaux d'équipe.

– En co-élaboration : échanges entre les co-équipiers, permettant de croiser les expertises et d'ajuster chacune des productions individuelles, en facilitant notamment les tâches de relecture, de révision et d'intégration qui sont toujours associées à la fabrication d'un document en commun.

– En co-validation : mémorisation et conservation de l'ensemble des sources et des produits documentaires élaborés en commun, incluant éventuellement les procédures de « routage » des documents établies en fonction d'un circuit de validation. L'ensemble du dispositif favorise notamment l'évaluation du travail effectué ainsi que la capitalisation des expériences ou des pièces réutilisables lors de travaux de même nature menés ultérieurement.

• Les réunions virtuelles

Les bibliothèques de travail sont clairement vouées à la collecte et à l'élaboration dynamique des documents. Dans les processus d'écriture menés en co-action, l'exploitation complète des espaces de travail collaboratif permet de prendre en compte la valeur primordiale des échanges. Les réunions virtuelles ont donc pour vocation d'élargir les possibilités de discussion nécessaires à la confrontation des arguments et des avis d'experts.

Figure 5-5 – Discussion pour avis entre les coauteurs
d'un document

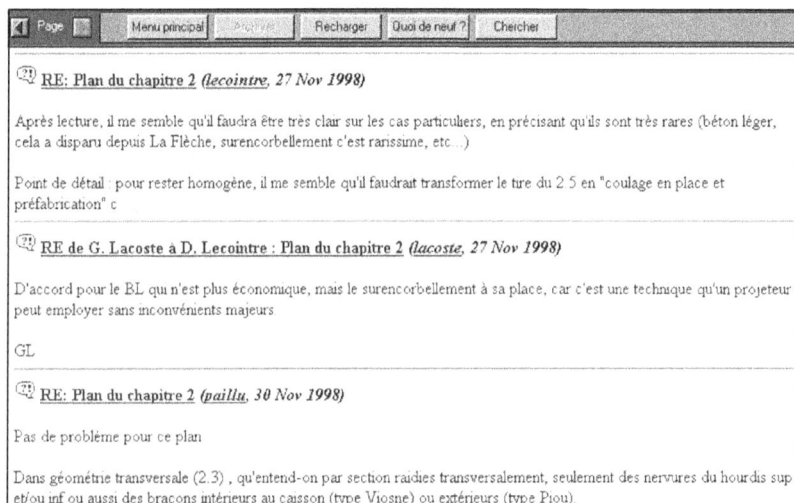

Groupe projet de refonte du bulletin Technique N° 7 – SETRA Ministère de l'Équipement, 1998

Outils de travail collaboratif open source BSCW©, http://bscw.gmd.de/

Dans le dispositif d'ensemble liant bibliothèques et réunions électroniques, les co-auteurs d'un document retrouvent dans une même zone de travail cohérente l'ensemble des informations et des outils permettant de traiter les textes et de mener les échanges utiles à leur élaboration.

La messagerie demeure tout à fait utile, mais à sa juste place, par exemple lorsque deux participants souhaitent approfondir un point d'expertise en aparté, sans pour autant impliquer le restant de l'équipe dans cette discussion détaillée. Quant aux discussions menées en groupe, elles peuvent pour partie être menées en face à face. Lorsque les participants sont éloignés ou que leurs emplois du temps empêchent les rencontres, ces réunions se dérouleront fréquemment en ligne.

Avantages des réunions de travail en ligne

L'importance donnée aux réunions virtuelles résulte d'un premier constat : qu'elles aient lieu sur support électronique ou en face à face, les conversations sont une voie privilégiée de collaboration. Les apports d'une réunion sont précieux qu'il s'agisse d'expliquer des instructions, de faire émerger des idées, d'élaborer des connaissances, de résoudre des problèmes ou d'alimenter les processus de décision.

Compte tenu de ces apports, les réunions électroniques présentent plusieurs avantages spécifiques, dont deux sont mieux connus, à savoir l'extension de la portée des échanges (réunions à distance) et la régulation des temps d'échange (réunions asynchrones).

Les équipes habituées aux discussions électroniques mettent en évidence d'autres caractéristiques qui se révèlent à l'usage :

– Développement des réflexions à froid – Les échanges électroniques héritent de certaines caractéristiques propres à l'écriture, notamment la distanciation émotionnelle et l'expression organisée et explicite des idées.

– Forte structuration des échanges par rapport à l'oral – À l'écran, l'animateur organise les échanges par sujet et produit des synthèses ou conclusions par étapes ; ces traces écrites organisées par fils de discussions (phénomène nommé « threading » par les animateurs de réunions électroniques) concrétisent la progression constructive des échanges : sujets, étapes et conclusions d'une discussion.

– Moins de digressions par rapport à l'oral – Le temps requis par la lecture et l'écriture centre l'énergie des participants sur le thème prévu, alors qu'en situation de co-présence physique, la parole favorise plus largement les réactions « à chaud » et l'expression immédiate d'idées en marge du sujet traité.

– Capitalisation des connaissances échangées lors d'une discussion – À l'oral comme sur un support électronique, le résultat d'une réunion semble toujours plus important que la suite d'échanges permettant de parvenir à la conclusion. Néanmoins, une discussion implique des exposés de connaissances souvent précieux pour comprendre, par exemple, comment un problème a été résolu. Ces connaissances exprimées en cours de discussion sont oubliées, voire définitivement perdues à l'oral ; elles sont directement conservées sous une forme électronique, avec une mémorisation de l'ensemble du contexte de l'échange qui contribue à restituer le sens de la discussion ainsi capitalisée.

Compte tenu de ces avantages, les réunions électroniques ne sont pas des formes d'échanges à exploiter de façon systématique lorsque les participants peuvent de temps à autre bénéficier de rencontres en face à face. En effet, certains types de réunions produisent des résultats mitigés, même si la progression des expériences devrait permettre dans le futur d'améliorer leur efficacité. C'est le cas par exemple des « brainstorming » virtuels qui permettent de lâcher la bride aux idées, et de les faire rebondir à l'écran d'une contribution à l'autre : il semble néanmoins que le face à face soit plus propice à cette forme de créativité. Même chose lorsque les interlocuteurs doivent se jauger et s'ajuster en finesse. Les rencontres physiques continuent de favoriser les échanges subtils qui font appel à tous les moyens d'expression non-verbale pour enrichir les perceptions : le face à face est ainsi plus efficace en cas de tensions relationnelles ou d'entretiens délicats.

Par contre, les qualités des réunions électroniques sont indéniables lorsqu'on vise à la démultiplication des occasions d'expression et de partage ou au développement de débats argumentés et raisonnés. Un meilleur contrôle des temps de discussion y est également favorisé de même que la mémorisation et la valorisation des contenus et du résultat des échanges. En dépit de ces avantages, l'efficacité des échanges électroniques est régulièrement mise en doute. En effet, les réunions virtuelles sont trop souvent comparées aux forums sur l'Internet où les discussions semblent limitées à l'expression d'idées simplistes et confuses. Ce constat est largement justifié sur les réseaux publics. Sur Internet, la confusion des débats est due en général à deux causes principales : d'une part, aucun objectif n'est fixé au terme des discussions, d'autre part l'action des « modérateurs » dont l'activité se borne à réguler les écarts de langage – quand elle ne consiste pas à censurer les débats – et non à animer les échanges. Assimiler les réunions de travail électroniques aux forums libres sur l'Internet est un non-sens. Pour juger de l'efficacité des réunions virtuelles, il convient donc de les qualifier dans leur contexte professionnel. Lorsque l'objet de la réunion est d'ordre professionnel, les débats dans l'espace virtuel doivent être :

- finalisés : les objectifs et résultats à atteindre sont spécifiés ;

- ordonnés : les différentes contributions sont enchaînées de façon cohérente ;

– animés : la dynamique des échanges est régulée de façon à favoriser un participation constructive aux débats.

Comment conduire de tels débats en ligne ? Afin de cerner l'évolution des méthodes et des techniques, on peut se référer aux standards de formation en usage pour la conduite des réunions professionnelles en face à face. Voici quelques exemples d'apprentissage devenus courants bien avant la naissance des échanges en réseau :

– préparation et structuration des ordres du jour ;

– techniques destinées à stimuler les idées ou à faciliter la résolution de problèmes ;

– régulation des dérapages relationnels et des conflits ;

– techniques de présentation et de synthèse des résultats en fin de réunion.

À l'oral, l'importance de ces apprentissages est clairement reconnue. Avec l'emploi des outils électroniques, les situations de travail et d'échange humain demeurent et le besoin d'animation persiste. Toutefois, les médias changent, en modifiant le contexte de communication comme les moyens d'expression entre les interlocuteurs. Afin de maîtriser ces changements, de nouvelles méthodes et techniques d'animation sont nécessaires. En partie inspirées de certains principes traditionnels toujours valides, elles tiennent compte aussi des caractéristiques propres aux échanges en réseau. Ces méthodes et techniques portent notamment sur :

– le partage d'information préliminaire au déroulement effectif des réunions (préparation des ordres jours, diffusion de documents utiles aux débats…) ;

– l'énonciation claire et explicite à l'écran des objectifs de la réunion, des résultats qu'elle doit permettre de produire, de la durée des échanges déroulés de façon asynchrone ;

– l'implication forte de l'animateur, avec incitation aux échanges à l'écran, régulation des contributions intempestives et des conflits en ligne ;

– la maîtrise collective du « threading » permettant de mener en parallèle plusieurs thèmes de discussion convergents et de conclure les échanges de façon productive.

Figure 5-6 – Méthodes et techniques de lancement d'une réunion de travail en ligne

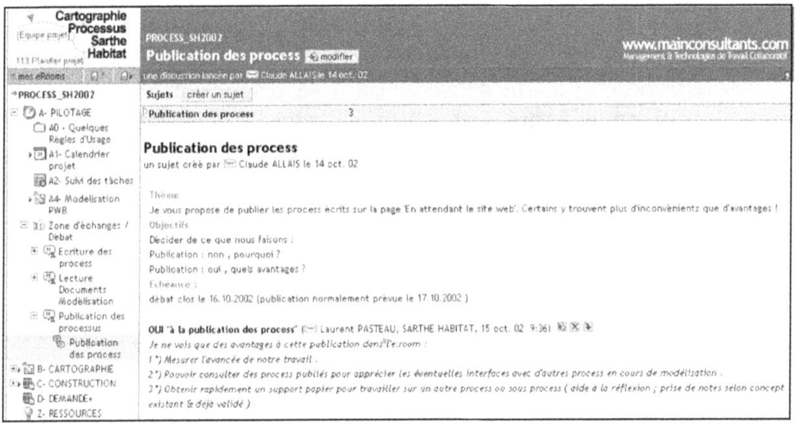

Réunion lancée pour aide à la décision, avec indication du thème, des objectifs, du plan de discussion et de l'échéance – Comité de Pilotage, Sarthe Habitat, 2002

Les modes de participation aux réunions de travail évoluent parallèlement aux pratiques d'animation :

- **Expression individuelle** – Dans les réunions, les échanges ont une visée de coopération, mais ils constituent aussi des jeux d'alliances et de pouvoir qui permettent à chacun de prendre position. L'écriture sur ordinateur n'annule pas ces phénomènes inhérents aux relations humaines : les jeux de positionnement, d'influence et d'argumentation se font désormais à l'écran. Parce qu'elle emprunte un nouveau canal de communication, l'expression personnelle sur un réseau suppose de nouvelles façons de donner une image de soi à l'écran, de nouvelles formes d'exposé et d'argumentation des idées.

- **Enchaînement des échanges** – À l'oral, des conventions sociales rythment le déroulement d'une réunion et permettent de réguler les tours de parole. Ces règles sont pour la plupart tacites. En témoignent ces deux exemples courants : « On n'ouvre pas le débat à la place de l'animateur » ou « Il est moins grave de couper la parole d'un collègue que celle du directeur général »... Ces conventions tacites qui couvrent des registres d'efficacité comme ceux du « savoir-vivre », reflètent aussi le système d'autorité. Des règles similaires guident une discussion électronique, en faisant évoluer les tours de paroles et les contenus par étapes successives jusqu'à la conclusion. À l'écran, les participants ordonnent leurs « prises de parole » à l'aide de commandes spécifiques. Celles-ci vont leur permettre de s'insérer dans la discussion en indiquant « qui parle à qui » et « à quel sujet ». Mais en amont du maniement fonctionnel, des conventions sociales dirigent toujours les comportements, en l'occurrence les modalités d'expression que chacun va employer pour s'adresser aux autres. L'enchaînement et le sens des contributions à l'écran devient donc repérable et compréhensible lorsque chacun adopte les mêmes règles de participation aux échanges, fusionnées dans les conventions sociales et les modalités techniques : une culture partagée est sous-jacente à l'harmonisation des échanges qui se traduisent par un affichage collectivement ordonné de toutes les interventions.

Au plan technique, les produits de travail collaboratif utilisés vont aussi conditionner le déroulement des interactions. Chaque logiciel possède ses propres caractéristiques fonctionnelles qui permettent de rendre compte des tours de parole et d'afficher les contenus de la discussion à l'écran. Dans la plupart des cas, les commandes nécessaires à la participation de chacun sont très simples, mais les possibilités d'affichage, donc de lisibilité des échanges varient beaucoup d'un produit à l'autre. La bonne pratique des réunions électroniques suppose donc un apprentissage particulier, permettant notamment de bien connaître les caractéristiques fonctionnelles de l'outil utilisé et d'avoir acquis les gestes de routine permettant d'agir sur les commandes (« de parler à l'écran ») avec aisance et rapidité. Néanmoins, l'efficacité des réunions virtuelles ne dépend pas uniquement de cette part d'apprentissage qui s'appuie sur la culture et porte sur le maniement des outils.

Contrairement aux conceptions courantes qui opposent l'échange à l'action (« pas de discours, des actes ! ») la communication au sein d'une équipe virtuelle doit être comprise comme l'une des formes de l'action humaine. Dans une réunion, chaque participant intervient en vue d'une finalité particulière, par exemple : poser des questions pour comprendre une décision, apporter un renseignement pour aider un collègue, discuter pour faire entendre un argument dans une confrontation... On l'a vu, la communication des équipes virtuelles est soumise à l'emploi d'outils électroniques. Activité nettement instrumentale, les échanges sont déployés pour parvenir à des fins, pour

obtenir un résultat au terme du processus d'interaction. Cette rationa-
lité des communications ne dirige toutefois pas la totalité des
échanges. Face à face comme à distance, un individu implique toute
sa personnalité lorsqu'il communique. Les intentions et les aspirations personnelles, les émotions et les réflexions, la sensibilité et les
savoirs vont moduler la façon dont chacun s'exprime.

Ce sont donc des données culturelles, des finalités liées au travail et
des composantes subjectives qui s'enchevêtrent toujours dans la
pratique des échanges virtuels. L'efficacité des réunions électroniques
suppose ainsi d'acquérir de la lucidité sur l'orientation des échanges
ainsi qu'une bonne écoute d'autrui et une maîtrise de soi dans
l'échange. Les méthodes et les techniques à acquérir permettent alors
de jouer des outils utilisés afin d'atteindre les buts poursuivis à la
clôture des débats.

LES POINTS CLÉS À RETENIR

① **Les changements de la communication électronique : des échanges humains, mais avec de nouveaux médias, donc de nouveaux codes** – Nouveaux espaces d'échanges professionnels et économiques, les réseaux sont aussi des lieux d'émergence d'une nouvelle culture et de nouveaux langages. Sur l'Internet comme sur les intranets d'entreprise, les échanges qui dominent sont des écrits produits à l'écran. De nouvelles formes d'expression bouleversent le vocabulaire, la syntaxe et les règles d'énonciation classiques.

② **Maîtriser les communications électroniques : apprendre les nouvelles formes d'expression et de compréhension à l'écran** – Les échanges médiatisés par des ordinateurs en réseau modifient les situations d'écriture, de lecture et de dialogue déroulés à l'écran. Dans ces nouveaux contextes, les modes d'intercompréhension entre les interlocuteurs évoluent rendant nécessaire l'intériorisation de nouvelles méthodes et techniques d'expression, afin que les communications professionnelles demeurent pertinentes et puissent atteindre leur but.

Quelques situations de travail et de communication optimisées – donc transformées – dans un espace électronique

① **Le partage d'informations et de documents :** une situation très courante et typiquement coopérative, qui dépasse l'empilement de milliers d'informations partagées. Les espaces de travail collaboratif allient les moteurs de recherche, les liens hypertexte et le surf à l'écran aux possibilités de commenter librement l'information partagée : produits, diffusés et perçus à l'écran, les documents doivent être écrits et présentés avec de nouvelles méthodes et de nouveaux outils, en vue d'être effectivement partagés, c'est-à-dire aisément trouvés et compris.

② **La rédaction de documents « à plusieurs mains » :** une situation récurrente au cœur des processus de production contemporains. Bien finalisées, ces activités immatérielles et hautement collaboratives visent la livraison de documents, en mêlant majoritairement textes, tableaux chiffrés et toutes sortes de plans, graphiques et images. La conception et la réalisation de ces documents complexes sont réalisées en équipes de professionnels : dans ce cas, les outils de travail collaboratif permettent de mener les travaux de conception, de rédaction ou de production graphique avec un maximum de mise en commun des expertises, en visant parallèlement des gains de temps et de cohérence à chaque étape d'élaboration du document.

③ **Les réunions de travail :** encore davantage qu'en face à face, les réunions électroniques ont une forte valeur organisatrice : elles permettent de mieux préparer, mieux documenter et mieux structurer les réflexions et les débats. Mais plus qu'à l'oral, les réunions électroniques sont absolument inefficaces si elles ne sont pas préparées et animées. Sous l'effet du média électronique qui modifie les formes d'échange, de nouvelles méthodes et techniques d'animation et de participation doivent être acquises pour savoir mener des discussions productives à l'écran.

CONCLUSION

Les habitués des réseaux établissent une subtile distinction entre espaces et mondes virtuels. Dans les espaces virtuels accessibles à ce jour, on ne peut pas se tromper sur leur caractère technique et leur apparence artificielle. En revanche, dans les mondes virtuels, on cherche à immerger les individus dans un univers de sensations qui donnent l'illusion du réel. Divers moyens de stimulation sensorielle sont employés, par exemple les représentations en trois dimensions à l'écran, mais aussi le recours à des artefacts (gants, casques...) qui procurent d'effectives sensations physiques, sollicitant tout à la fois la vue, l'ouïe, mais aussi l'olfaction, le sens du toucher et même des sensations kinesthésiques liées au mouvement.

Des techniques encore rudimentaires destinées aux arts ? À la création de nouveaux jeux ? Sans doute... mais les environnements de travail collaboratif ne sont pas exclus de la tendance. Plusieurs produits proposent des plates-formes groupware 3D et des environnements déjà proches de la réalité virtuelle avec le développement de certains projets, tels que COVEN[1] ou COSPACE[2]. Dans un espace de travail collaboratif en réalité virtuelle, les interlocuteurs investissent chacun un personnage figuré à l'écran par une silhouette humaine. Des représentations de soi que chacun peut faire évoluer dans un même lieu de rencontre, asseoir autour d'une table, se tourner vers divers participants, et pourquoi pas bientôt hocher la tête ou froncer les sourcils... L'idée générale est de créer sur les réseaux électroniques de véritables environnements professionnels qui restituent aux équipes tous les moyens d'appréhender un même contexte de travail

---

1. Projet COVEN, http://coven.lancs.ac.uk/home.htm
2. Projet COSPACE, http://cospace.research.att.com

et d'échange, avec les formes de compréhension et d'expression qu'ils connaissent dans le monde habituel.

Rien ne dit que ces produits seront un jour largement commercialisables. Ces recherches constituent pourtant des tendances remarquables. Elles révèlent des pans d'avenirs possibles liés au développement des technologies numériques et au potentiel de changement qui les accompagnent. Elles montrent aussi le désir persistant des hommes cherchant à user de la totalité des sens et des possibilités de mouvements même par le biais de pures représentations symboliques générées par des machines. Conçus dans les mondes de la réalité virtuelle, les environnements de travail collaboratif font imaginer des scénarios d'avenir déroutants, et notre culture actuelle nous porte à les croire farfelus, irréalistes ou grotesques.

Et pourtant, on peut prédire raisonnablement que d'autres simulacres du réel feront leur entrée dans le quotidien des entreprises. Au contraire de la réalité virtuelle, ces simulacres purement artificiels n'étonneront personne. Largement habitués à ces imitations du réel que sont le cinéma, la vidéo ou le téléphone, chacun attend ces développements tout neufs aisément acceptés dans la culture issue du XXᵉ siècle. Avec la fameuse convergence des réseaux que les techniciens nous promettent, les interlocuteurs seront filmés, leur voix enregistrée, leurs écrits mémorisés – si possible au stylo et sur papier numériques – le tout étant transmis sur les réseaux pour échanger et travailler en parfait synchronisme dans l'espace virtuel. Plus ou moins proches, ces futurs possibles évoquent immanquablement une transformation profonde des façons d'échanger et de travailler. Dans la période présente et les quelques décennies à venir, les évolutions mêleront profondément l'ancien et le moderne. Et certains chocs du changement déjà en cours, donc mieux prévisibles, sont encore devant nous.

En 2002, il n'existe pas de professionnels dans les entreprises qui soient de vrais enfants de l'Internet. L'expansion et la popularité du web sont trop récentes : seuls de très jeunes adultes ont récemment pratiqué des jeux, poursuivi des études et vécu des échanges en découvrant le potentiel des réseaux. Ce sont les enfants et les adolescents d'aujourd'hui qui grandissent au biberon de l'Internet, et personne ne l'a encore fait avant eux. Il est probable que les résultats de cette imprégnation précoce facilite et étendront les futures pratiques professionnelles sur Internet lorsque très prochainement, ces jeunes devenus adultes entreront dans le monde du travail. Entre ces nouveaux virtuoses des réseaux et ceux qui ont appris à écrire avec de l'encre et des plumes Sergent Major, comment les populations, jeunes et moins jeunes, se croiseront-elles pour travailler ensemble de façon cohérente ? Dans les entreprises, le problème intensément posé est bien celui des cultures en présence. Avec l'informatique de communication, il ne s'agit plus seulement d'utiliser les commandes d'un progiciel dont les applications sont spécifiques et bien délimitées. Les intranets et l'Internet sont de nouveaux milieux permettant de multiples activités, ouvertes, variables, impliquant l'émergence collective de nouveaux langages, de nouvelles conventions sociales, de codes professionnels inédits. Il n'existera pas d'équipes « virtuelles » efficaces sans individus qui aient appris à maîtriser de façon lucide et responsable leur environnement, et pas de travail partagé sans conscience d'une organisation collective. Le véritable travail collaboratif en réseau fait évoluer les attitudes professionnelles, le comportement des managers et des équipes, les rapports sociaux au sein des groupes. Il s'accompagne explicitement d'une transformation des cultures d'entreprises.

Dans toute leur ampleur technique, organisationnelle et culturelle, ces changements dans les espaces électroniques ne sont pas prêts de s'arrêter. Ce bouleversement perpétuel est forcément un problème pour les entreprises. L'une des pierres d'achoppement est bien sûr celui des investissements budgétaires à consentir pour être dans le train des innovations technologiques, sans pour autant tomber dans la valse incessante des gadgets à la mode. Mais une fois les orientations prises avec le maximum de pertinence, c'est effectivement l'assimilation des changements par les équipes concernées qui suscite les plus fortes interrogations.

En effet, pour que l'organisation tire parti des techniques, il faut investir dans le potentiel humain. Le changement culturel prend du temps, alors que sous la pression externe des marchés et des concurrences, les entreprises doivent s'adapter très vite. Comment se hâter en donnant du temps au changement ? Ce défi met l'accent sur les démarches qui favorisent avant tout la mobilisation des énergies humaines et la plus forte rapidité d'apprentissage. La formation professionnelle classique devient inopérante : ce que l'école a tant de mal à faire en asseyant des enfants dans les salles de classe, faut-il vraiment que les entreprises gaspillent du temps et de l'argent à le refaire, en asseyant des adultes dans des salles de formation ? Désormais, savoir évoluer plus vite c'est notamment réussir à apprendre mieux et autrement. Les adultes apprennent plus vite quand ils connaissent les objectifs à atteindre, qu'ils mesurent la force des enjeux en présence. Ils apprennent mieux aussi quand leurs savoir-faire antérieurs sont reconnus. Ils se mobilisent davantage quand les connaissances à acquérir s'appliquent directement aux situations professionnelles qu'ils vivent. Les caractéristiques du travail collaboratif sont de même nature. Organisées en réseau, les équipes partagent et cernent mieux les enjeux et les buts. Leurs compétences sont situées, leurs responsabilités reconnues, leurs échanges facilités et mieux coordonnés : elles sont plus actives, plus productives, mieux centrées sur la valeur et les résultats construits en groupe.

Un même schéma d'ensemble relie les apprentissages construits en groupe et les processus d'échanges et de travail partagés. La construction des savoirs nécessaires au travail, la mobilisation des compétences en situation de travail sont en interdépendance. Les démarches d'apprentissage les plus fructueuses sont guidées et élaborées « en faisant » au cœur même des processus collaboratifs qui mobilisent communément les acteurs. Pour réussir les stratégies de changement liées aux nouvelles technologies, les enjeux les plus forts portent sans nul doute sur les compétences humaines, collaboratives, prioritairement construites par l'accompagnement des équipes immergées dans l'expérience du travail en réseau.

BIBLIOGRAPHIE ET WEBOGRAPHIE

Équipes et environnements de travail virtuels

BOONE Mary, *Managing Inter@ctively*, Mc Graw-Hill, New York, 2001.

CHURCHILL Elizabeth, SNOWDON David, MUNRO Alan, *Collaborative Virtual Environments*, Springer, London, 2001.

DUARTE L. Deborah, SNYDER Nancy, *Mastering virtual teams*, Jossey-Bass, San Francisco, 2001.

FISHER Kimball, FISHER Mareen Duncan, *The Distance Manager*, Mc Graw-Hill, New York, 2001.

LIPNACK Jessica, STAMPS Jeffrey, *Virtual Teams, People Working Across Boundaries with technology*, John Wiley, New York, 2000.

MAHER Mary Lou, SIMOFF Simeon, CICOGNANI Anna, *Understanding Virtual Design Studios*, Springer, London, 2000.

Articles

CHAN Shirley, *Legal Issues for Virtual Teams*, Webreview, Cross-training for Web Teams.
Source Web : http://www.webreview.com/2001/06_29/strategists/index01.shtml, page consultée en juillet 2002.

JOHNSON-LENZ Peter et Trudy, *Humanizing Hyperspace*, in The Ecology of media, Fall, 1989.
Source Web : http://www.context.org/ICLIB/IC23/JnsnLenz.htm, page consultée en juillet 2002.

KIMBALL Lisa, *Managing Virtual Teams*, text of speech given for Team Strategies Conference, Toronto, 1997.
Source Web : http://www.tmn.com/~lisa/vteams-toronto.htm, page consultée en juin 2001.

KIMBLE Chris, LI Feng, BARLOW Alexis, *Effective virtual teams through communities of practices*, Research paper n° 2000/9, Management Science Department, Strathcycle Business School, Glasgow, Scotland, 2000.
Source Web : http://www.managementscience.org/research/ab0009.asp, page consultée en juillet 2002.

LEVAN Serge, *La vie d'une équipe projet sur le Net*, in L'informatique Professionnelle, avril 2000.
Source Web : www.mainconsultants.com, page consultée en juillet 2002.

Travail collaboratif : concepts et outils

COURBON Jean-Claude, TAJAN Silvère, *Groupware et intranet*, (2ᵉ édition), Dunod, Paris, 1999.

FISCHER Layna, *Workflow Handbook 2001*, Future Strategies, Lighthouse Point Florida, 2001.

LEVAN Serge, LIEBMANN Anne, *Le Groupware : informatique, management et organisation*, Hermès, Paris, 1994.

LEVAN Serge, *Le projet workflow : concepts et outils au service des organisations*, Eyrolles, Paris, 1999.

ORAM Andy, *Peer-to-Peer : Harnessing the Power of Disruptive Technologies*, O'Reilly, Sebastopol, USA, 2001.

UDEL Jon, *Practical Internet Groupware*, O'Reilly, New York, Sebastopol, USA, 1999.

Organisation et entreprises virtuelles

BELL M., HAYWARD S., MORELLO D., MURPHY K., YOUNG C., *The Agile Workplace : Supporting People and Their Work*, Gartner Research, 2002.

DAVIDOW William, MALONE Michael, *L'entreprise à l'âge du virtuel*, Maxima, Paris, 1995.

DRUCKER Peter et alter, *Les Systèmes de Mesure de la Performance*, Harvard Business Review, Éditions d'Organisation, Paris, 1999.

ETTIGHOFFER Denis, *L'entreprise virtuelle*, Éditions d'Organisation, Paris, 2001.

LOMI Alessandro, *L'analyse relationnelle des organisations*, L'Harmattan, Paris, 1999.

LORINO Philippe, *Méthodes et pratiques de la performance*, Éditions d'Organisation, Paris, 1997.

MINTZBERG Henry, *Le Management, Voyage au Centre des Organisations*, Éditions d'Organisation, Paris, 1990.

MINTZBERG Henry et alter, *Le Leadership*, Harvard Business Review, Éditions d'Organisation, Paris, 1999.

NILLES J. M., *Managing telework, Strategies for Managing the Virtual Workforce*, John Wiley, New York, 1998.

PAGES Max, BONETTI, Michel, De GAULEJAC Vincent, DESCENDRE Daniel, *L'emprise de l'Organisation*, Desclée de Brouwer, Paris, 1998.

PÉRILLEUX T., *Les tensions de la flexibilité*, Desclée de Brouwer, 2001.

SENGE Peter, *La cinquième discipline*, First, Paris, 1991.

VENDRAMIN Patricia, VALENDUC Gérard, *Technologies et flexibilité*, Liaisons, Paris, 2002.

Articles

BYRNE John, *The virtual corporation*, in Business Week, 8 février 1993.
Source Web : Business Week on line, http://business.week.com, page consultée en juillet 2002.

BYRNE John, *The horizontal corporation*, in Business Week, 20 décembre 1993.
Source Web : Business Week on line, http://business.week.com, page consultée en juillet 2002.

CROWSTON Kevin, *Electronic communication and new organizational forms: A coordination theory approach*, University of Michigan, 1994.
Source Web : http://ccs.mit.edu/papers/CCSWP175.html, page consultée en juillet 2002.

Collectif, *Network on Organised labour in the 21st Century : progress report*, International Labour Organisation, Geneva, 1999.
Sources Web : http://www.virtual-organization.net, page consulté en janvier 2002.

FRERY Frédéric, *Entreprises virtuelles et réalités stratégiques*, Revue Française de Gestion, Paris, mars-avril-mai 2001.

KARSENTY L, *Cooperative work: the role of explanation in creating a shared problem representation*, in Le travail humain, Vol. 63, n° 4, PUF, Paris, 2000.

MALONE Thomas, CROWSTON Kevin, *The Interdisciplinary Study of Coordination*, University of Michigan, 1993, publication AMC Computing surveys, 1994.
Source Web : http://ccs.mit.edu/papers/CCSWP157.html, page consultée en juillet 2002.

Usages, culture et e-communication

ARGYRIS Chris, *Savoir pour Agir*, Inter Éditions, Paris, 1995.

BATESON Gregory, RUESH Jurgen, *Communication et Société*, Seuil, Paris, 1988.

DUBET François, *Sociologie de l'expérience*, Seuil, Paris, 1994.

FINFIELKRAUT Alain, SORIANO Paul, *Internet : l'inquiétante extase*, Mille et Une Nuits, Paris, 2001.

FLICHY Patrice, *L'innovation technique*, La Découverte, Paris, 1995.

HOSTEDE Geert, *Vivre dans un monde multiculturel*, Éditions d'Organisation, Paris, 1994.

LÉVY Pierre, *Cyberculture, Rapport au Conseil de l'Europe*, Odile Jacob, Paris, 1997.

MALECKI Edward, GORMAN Sean, *Maybe the Death of Distance, But Not the End of Geography : The Internet as a Network*, in Worlds of Electronic Commerce : Economic, Geographical and Social Dimensions, New York, John Wiley, 2001.

PERRIAULT Jacques, *La logique de l'usage, essai sur les machines à communiquer*, Flammarion, Paris, 1989.

TROMPENARS Fons, *L'entreprise multiculturelle*, Maxima, Paris, 1994.

Articles

DAVENPORT Thomas, *Avantages et inconvénients du bureau virtuel*, in Les Échos, 2002.
Source Web : http://www.lesechos.fr/formations/manag_info/articles, page consultée en juin 2001.

DE SAINT LAURENT, Anne-France, *CSCW : la fausse humilité des computer-sciences ou le rendez-vous encore manqué de l'informatique et des sciences sociales*, IRIS, Université Paris Dauphine, 1998.
Source Web : http://www.ufr-info-p6.jussieu.fr/~creis/serveur/journal/is98_st_laurent.html, page consultée en juillet 2002.

FERRIS Pixie, *Writing in cyberspace*, CMC Magazine, 1997.
Source Web : http://www.december.com/cmc/mag/1997/jun/ferris.html, page consultée en juillet 2002.

JACOBSON David, *Impression formation in cyberspace: online expectations and offline experiences in text-based virtual communities*, Department of anthropology, Brandeis University, USA, 1999.
Source Web : http://www.ascusc.org/jcmc/vol5/issue1/jacobson.html, page consultée en juillet 2002.

KRIKORIAN Dean, LEE Jae-Shin, CHOCK Makana, Harms Chad, *Isn't That Spatial ? Distance and Communication in a 2-D Virtual Environment*, Department of Communication, Cornell University, USA, 2000.
Source Web : http://www.ascusc.org/jcmc/vol5/issue4/krikorian.html, page consultée en juillet 2002.

LOMBARD Matthew, DITTON Theresa, *At the heart of it all : the concept of presence*, Department of Broadcasting, Telecommunications & Massmedias, Temple University, USA, 1997.
Source Web : http://www.ascusc.org/jcmc/vol3/issue2/lombard.html, page consultée en juillet 2002.

NIELSEN Jacob, *Current issues in Web Usability*, 1995-2002.
Source Web : http://www.useit.com/alertbox, page consultée en juillet 2002.

PROULX Serge, *La construction sociale des objets informationnels : matériaux pour une ethnographie des usages*, Université du Québec, Montréal, avril 2000.
Source Web : http://barthes.ens.fr/atelier/articles/proulx2000.html, page consultée en juillet 2002.

PROULX Serge, *Usages des technologies d'information et de communication : reconsidérer le champ d'étude ?*, Groupe de recherche sur les médias (GRM), Université du Québec, Montréal, avril 2000.
Source Web : http://grm.uqam.ca/textes/conferences.htm, page consultée en juillet 2002.

SULER John, *Identity management in cyberspace*, in Psychology of cyberspace, 1996.
Source Web : http://www.rider.edu/users/suler/psycyber/identitymanage.html, page consultée en juillet 2002.

UEDA Manabu, *Toward Dialogue Documents as Creative Conversational Tools*, Center for Coordination Science, Sloan School of Management, 1998.
Source Web : http://ccs.mit.edu/papers/CCSWP206/, page consultée en juillet 2002.

La localisation des documents sur des sites web est sous réserve de toutes actualisations et permanence des serveurs indiqués. La validité des liens a été établie aux dates indiquées pour chacun des articles cités.